Introducción al narcisismo y otros ensayos

Sigmund Freud

Introducción al narcisismo y otros ensayos

Alianza editorial
El libro de bolsillo

Título original: *Zur Einführung des Narzissmus.–Beispiele des Verrats pathogener Phantasien bei Neurotikern.–Die Bedeutung der Vokalfolge.–Erfahrungen und Beispiele aus der psychoanalytischen Praxis.–Der Familienroman der Neurotiker.–Zur Einleitung der Onaniendiskussion/Schlusswort.–Einige psychische Folgen des anatomischen Geschlechtsunterschieds.–Die endliche und die unendliche Analyse.–Konstruktionen in der Analyse.–Zur Psychologie des Gymnasiasten.–Vergänglichkeit.*
Traductor: De *Introducción al narcisismo:* Luis López-Ballesteros y de Torres. De los restantes ensayos: Ramón Rey Ardid.

Primera edición: 1967
Tercera edición: 2012
Cuarta reimpresión: noviembre 2025

Diseño de colección: Estrada Design
Diseño cubierta: Manuel Estrada

Reservados todos los derechos. El contenido de esta obra está protegido por la Ley, que establece penas de prisión y/o multas, además de las correspondientes indemnizaciones por daños y perjuicios, para quienes reprodujeren, plagiaren, distribuyeren o comunicaren públicamente, en todo o en parte, una obra literaria, artística o científica, o su transformación, interpretación o ejecución artística fijada en cualquier tipo de soporte o comunicada a través de cualquier medio, sin la preceptiva autorización.

© Alianza Editorial, S. A., Madrid, 1967, 2025
 Calle Valentín Beato, 21
 28037 Madrid
 www.alianzaeditorial.es

ISBN: 978-84-206-0896-9
Depósito legal: M. 23.801-2012
Printed in Spain

Índice

- 9 Introducción al narcisismo
- 43 Ejemplos de cómo los neuróticos revelan sus fantasías patógenas
- 45 El significado de la aliteración de las vocales
- 46 Experiencias y ejemplos de la práctica analítica
- 50 La novela familiar del neurótico
- 56 Contribuciones al simposio sobre la masturbación
- 72 Algunas consecuencias psíquicas de la diferencia sexual anatómica
- 87 Análisis terminable e interminable
- 140 Construcciones en psicoanálisis
- 158 Sobre la psicología del colegial
- 164 Lo perecedero

Introducción al narcisismo[*]

1

El término *narcisismo* procede de la descripción clínica, y fue elegido en 1899 por P. Näcke para designar aquellos casos en los que el individuo toma como objeto sexual su propio cuerpo y lo contempla con agrado, lo acaricia y lo besa, hasta llegar a una completa satisfacción. Llevado a este punto, el narcisismo constituye una perversión que ha acaparado toda la vida sexual del sujeto, cumpliéndose en ella todas las condiciones que nos ha revelado el estudio general de las perversiones.

La investigación psicoanalítica nos ha descubierto luego rasgos de esta conducta narcisista en personas aquejadas de otras perturbaciones; por ejemplo, según Sadger, en los homosexuales, haciéndonos, por tanto, sospechar que tam-

[*] 1914.

bién en la evolución sexual regular del individuo se dan ciertas localizaciones narcisistas de la libido. Determinadas dificultades del análisis de sujetos neuróticos nos habían impuesto ya esta sospecha, pues una de las condiciones que parecían limitar eventualmente la acción psicoanalítica era precisamente tal conducta narcisista del enfermo. En este sentido, el narcisismo no sería ya una perversión, sino el complemento libidinoso del egoísmo del instinto de conservación; egoísmo que atribuimos justificadamente, en cierta medida, a todo ser vivo.

La idea de un narcisismo primario y normal acabó de imponérsenos en la tentativa de aplicar las hipótesis de la teoría de la libido a la explicación de la demencia precoz (Kraepelin) o esquizofrenia (Breuler). Estos enfermos, a los que yo he propuesto calificar de *parafrénicos,* muestran dos características principales: la manía de grandeza y la falta de todo interés por el mundo exterior (personas y cosas). Esta última circunstancia los sustrae totalmente al influjo del psicoanálisis, que nada puede hacer así en su auxilio. Pero la indiferencia del parafrénico ante el mundo exterior presenta caracteres peculiarísimos, que será necesario determinar. También el histérico o el neurótico obsesivo pierden su relación con la realidad, y, sin embargo, el análisis nos demuestra que no han roto su relación erótica con las personas y las cosas. La conservan en su fantasía; esto es, han sustituido los objetos reales por otros imaginarios, o los han mezclado con ellos, y, por otro lado, han renunciado a realizar los actos motores necesarios para la consecución de sus fines en tales objetos. Este estado es el que conocemos con el nombre de *introversión de la libido,* según afortunado término de Jung. El parafrénico se conduce muy diferentemente. Parece haber retirado realmente su libido de las personas y las cosas del mundo exterior, sin haberlas sustituido por otras en su fantasía. Cuando en algún caso hallamos tal sustitución es siempre de carácter secundario y corresponde a una tentativa de curación, que quiere volver a llevar la libido al objeto[1].

Surge aquí la interrogación siguiente: ¿cuál es en la esquizofrenia el destino de la libido retraída de los objetos? La manía de grandezas, característica de estos estados, nos indica la respuesta, pues se ha constituido seguramente a costa de la libido objetivada. La libido sustraída al mundo exterior ha sido aportada al *yo,* surgiendo así un estado al que podemos dar el nombre de *narcisismo.* Pero la misma manía de grandezas no es algo nuevo, sino, como ya sabemos, la intensificación y concreción de un estado que ya venía existiendo, circunstancia que nos lleva a considerar el narcisismo engendrado por el reflujo al *yo* de las cargas de libido del objeto como un narcisismo secundario, basado en un narcisismo primario encubierto por diversas influencias.

Hago constar de nuevo que no pretendo dar aquí una explicación del problema de la esquizofrenia, ni siquiera profundizar en él, limitándome a reproducir lo ya expuesto en otros lugares, para justificar una introducción del narcisismo.

Nuestras observaciones y nuestras teorías sobre la vida anímica de los niños y de los pueblos primitivos nos han suministrado también una importante aportación a este nuevo desarrollo de la teoría de la libido. La vida anímica infantil y primitiva muestra, en efecto, ciertos rasgos que si se presentaran aislados habrían de ser atribuidos a la manía de grandezas, una hiperestimación del poder de sus deseos y actos psíquicos, la «omnipotencia de las ideas», una fe en la fuerza mágica de las palabras y una técnica contra el mundo exterior, la «magia» que se nos muestra como una aplicación consecuente de tales premisas megalómanas[2]. En el niño de nuestros días, cuya evolución nos es mucho menos transparente, suponemos una actitud análoga ante el mundo exterior. Nos formamos así la idea de una carga libidinosa primitiva del *yo*, de la cual parten luego las magnitudes de libido destinadas a cargar los objetos; pero que en el fondo continúa subsistente en el *yo*, y viene a ser, con respecto a las cargas de los objetos, lo que el cuerpo de un protozoo con relación a los seudópodos de él destacados. Esta parte de la localización de la libido tenía que permanecer oculta a nuestra investigación, al tomar ésta su punto de partida en los síntomas neuróticos. Las emanaciones de esta libido, las cargas de objeto, susceptibles de ser destacadas sobre el objeto y retraídas de él, fueron lo único que advertimos, dándonos también cuenta, en conjunto, de la existencia de una oposición entre la libido del *yo* y la objetivada[3]. Cuanto mayor es la primera, tanto más pobre es la segunda. La libido objetivada nos parece alcanzar su máximo desarrollo en el amor, el cual se nos presenta como una disolución de la propia personalidad en favor de la carga de objeto, y tiene su antítesis en la fantasía paranoica del «fin del mundo». Por último, y con respecto a la diferenciación de las energías psíquicas, concluimos que en un principio se encuentran estrechamente unidas, sin que nuestro análisis pueda aún diferenciarlas, y que sólo la carga de objetos hace posible distinguir una energía sexual, la líbido, de una energía de los instintos del *yo*.

Antes de seguir adelante he de resolver dos interrogantes que nos conducen al nódulo del mismo tema. Primera: ¿qué relación puede existir entre el narcisismo, del que ahora tratamos, y el autoerotismo, que hemos descrito como un estado primario de la libido? Segunda: si atribuimos al *yo* una carga primaria de libido, ¿para qué precisamos diferenciar una libido sexual de una energía no sexual de los instintos del *yo*? La hipótesis básica de una energía psíquica unitaria, ¿no nos ahorraría acaso todas las dificultades que presenta la diferenciación entre energía de los instintos del *yo* y libido del *yo*, libido del *yo* y libido objetivada? Con respecto a la primera pregunta, haremos ya observar que la hipótesis de que en el individuo no existe, desde un principio, una unidad comparable al *yo* es absolutamente necesaria. El *yo* tiene que ser desarrollado. En cambio, los instintos autoeróticos son primordiales. Para constituir el narcisismo ha de venir a agregarse al autoerotismo algún otro elemento, un nuevo acto psíquico.

La invitación a responder de un modo decisivo a la segunda interrogación ha de despertar cierto disgusto en todo analítico. Repugnamos, en efecto, abandonar la observación por discusiones teóricas estériles; pero, de todos modos, no debemos sustraernos a una tentativa de explicación. Desde luego, representaciones tales como la de una libido del *yo*, una energía de los instintos del *yo*, etcétera, no son ni muy claras ni muy ricas en contenido, y una teoría especulativa de estas cuestiones tendería, ante todo, a sentar como base un consejo claramente delimitado. Pero, a mi juicio, es precisamente ésta la diferencia que separa una teoría especulativa de una ciencia basada en la interpretación de la empiria. Esta última no envidiará a la especulación el privilegio de un fundamento lógicamente inatacable, sino que se contentará con ideas iniciales nebulosas, apenas aprehensibles, que esperará aclarar o podrá cambiar por otras en el curso de su desarrollo. Tales ideas no constituyen, en efecto, el fundamento sobre el cual reposa tal ciencia, pues la verdadera base de la misma es únicamente la observación. No forman la base del edificio, sino su coronamiento, y pueden ser sustituidas o suprimidas sin daño alguno.

El valor de los conceptos de libido del *yo* y libido objetivada reside principalmente en que proceden de la elaboración de los caracteres íntimos de los procesos neuróticos y psicóticos. La división de la libido en una libido propia del *yo* y otra que inviste los objetos es la prolongación inevitable de una primera hipótesis que dividió los instintos en instintos del *yo* e instintos sexuales. Esta primera división me fue impuesta por el análisis de las neurosis puras de transferencia (histeria y neurosis obsesiva), y sólo sé que todas las demás tentativas de explicar por otros medios estos fenómenos han fracasado rotundamente.

Ante la falta de toda teoría de los instintos, cualquiera que fuese su orientación, es lícito, e incluso obligado, llevar consecuentemente adelante cualquier hipótesis, hasta comprobar su acierto o su error. En favor de la hipótesis de una diferenciación primitiva de instintos sexuales e instintos del *yo* testimonian diversas circunstancias, además de su utilidad en el análisis de las neurosis de transferencia. Concedemos, desde luego, que este testimonio no podría considerarse definitivo por sí solo, pues pudiera tratarse de una energía psíquica indiferente que sólo se convirtiera en libido en el momento de investigar el objeto. Pero nuestra diferenciación corresponde, en primer lugar, a la división corriente de los instintos en dos categorías fundamentales: hambre y amor, y, además, se apoya en determinadas circunstancias biológicas. El individuo vive realmente una doble existencia, como fin en sí mismo y como eslabón de un encadenamiento al cual sirve independientemente de su voluntad, si no contra ella. Considera la sexualidad como uno de sus fines propios, mientras que, desde otro punto de vista, se advierte claramente que él mismo no es sino un agregado a su plasma germinativo, a cuyo servicio pone sus fuerzas, a cambio de una prima de placer, que no es sino el sustrato mortal de una sustancia inmortal quizá. La separación establecida entre los instintos sexuales y los instintos del *yo* no haría más que reflejar esta doble función del individuo. En tercer lugar, habremos de recordar que todas nuestras provisionalidades psicológicas habrán de ser adscritas alguna vez a sustratos orgánicos, y encontraremos entonces verosímil que sean materias y procesos químicos especiales los que ejerzan la acción de la sexualidad y faciliten la continuación de la vida individual en la de la especie. Por nuestra parte, atendemos también a esta probabilidad, aunque sustituyendo las materias psíquicas especiales por energías psíquicas especiales.

Precisamente porque siempre procuro mantener apartado de la Psicología todo pensamiento de otro orden, incluso el biológico, he de confesar ahora que la hipótesis de una dualidad de instintos del *yo* e instintos sexuales, o sea, la teoría de la libido, no tiene sino una mínima base psicológica y se apoya más bien en fundamentos biológicos. Así, pues, para no pecar de inconsciente, habré de estar dispuesto a abandonar esta hipótesis en cuanto nuestra labor psicoanalítica nos suministre otra más aceptable sobre los instintos. Pero hasta ahora no lo he hecho. Puede ser también que la energía sexual, la libido, no sea, allá en el fondo, más que un producto diferencial de la energía general de la psique. Pero tal afirmación no tiene tampoco gran alcance. Se refiere a cosas tan lejanas de los problemas de nuestra observación y tan desconocidas, que se hace tan ocioso discutirla como utilizarla. Seguramente esta identidad primordial es de tan poca utilidad para nuestros fines analíticos como el parentesco primordial de todas las razas humanas para la prueba de parentesco exigida por la autoridad judicial para adjudicar una herencia. Estas especulaciones no nos conducen a nada positivo; pero como no podemos esperar a que otra ciencia nos procure una teoría decisiva de los instintos, siempre será conveniente comprobar si una síntesis de los fenómenos psicológicos puede arrojar alguna luz sobre aquellos enigmas biológicos fundamentales. Sin olvidar la posibilidad de errar, habremos, pues, de llevar adelante la hipótesis, primeramente elegida, de una dualidad de instintos del *yo* e instintos sexuales, tal y como nos la impuso el análisis de las neurosis de transferencia, y ver si se desarrolla sin obstáculos y puede ser aplicada también a otras afecciones, por ejemplo, a la esquizofrenia.

Otra cosa sería, naturalmente, si se demostrara que la teoría de la libido ha fracasado ya en la explicación de aquella última enfermedad. C. G. Jung lo ha afirmado así[4], obligándome con ello a exponer prematuramente observaciones que me hubiese gustado reservar aún algún tiempo. Hubiera preferido seguir hasta su fin el camino iniciado en el análisis del caso Schreber sin haber tenido que exponer antes sus premisas. Pero la afirmación de Jung es por lo menos prematura, y muy escasas las pruebas en que la apoya. En primer lugar, aduce equivocadamente mi propio testimonio, afirmando que yo mismo he declarado haberme visto obligado a ampliar el concepto de la libido ante las dificultades del análisis del caso Schreber; esto es, a abandonar su cometido sexual, haciendo coincidir, en general, la libido con el interés psíquico. En una acertada crítica del trabajo de Jung ha demostrado ya Ferenczi[5] lo erróneo de esta interpretación. Por mi parte, sólo he de confirmar lo dicho por Ferenczi y repetir que jamás he expresado tal renuncia a la teoría de la libido. Otro de los argumentos de Jung, el de que la pérdida de la función real normal sólo puede ser causa de la retracción de la libido, no es un argumento, sino una afirmación gratuita; *it begs the question,* escamotea el problema y ahorra su discusión, pues lo que precisamente había que investigar es si tal retracción es posible y en qué forma sucede. En su inmediato trabajo importante[6] se aproxima mucho Jung a la solución indicada por mí largo tiempo antes:

De todos modos, hay que tener en cuenta –como ya lo hace Freud en el caso Schreber– que la introversión de la *libido sexual* conduce a una carga libidinosa del *yo,* la cual produce probablemente la pérdida del contacto con la realidad. La posibilidad de explicar en esta forma el apartamiento de la realidad resulta harto tentadora.

Pero contra lo que era de esperar después de esta declaración, Jung no vuelve a ocuparse grandemente de tal posibilidad, y pocas páginas después la excluye, observando que de tal condición «surgirá quizá la psicología de un anacoreta ascético, pero no una demencia precoz». La inconsistencia de este argumento queda demostrada con indicar que tal anacoreta, «empeñado en extinguir toda huella de interés sexual» (pero «sexual» sólo en el sentido vulgar de la palabra), no tendría por qué presentar siquiera una localización anormal de la libido. Puede mantener totalmente apartado de los humanos su interés sexual y haberlo sublimado, convirtiéndolo en un intenso interés hacia lo divino, lo natural o lo animal, sin haber sucumbido a una introversión de la libido sobre sus fantasías o a una regresión de la misma al propio *yo*. A nuestro juicio, Jung olvida por completo en esta comparación la posibilidad de distinguir un interés emanado de fuentes eróticas y otro de distinta procedencia. Por último, habremos de recordar que las investigaciones de la escuela suiza, no obstante sus merecimientos, sólo han logrado arrojar alguna luz sobre dos puntos del cuadro de la demencia precoz: sobre la existencia de los complejos comunes a los hombres sanos y a los neuróticos y sobre la analogía de sus fantasías con los mitos de los pueblos, sin que hayan podido conseguir una explicación del mecanismo de la enfermedad. Así, pues, podremos rechazar la afirmación de Jung de que la teoría de la libido ha fracasado en su tentativa de explicar la demencia precoz, quedando, por tanto, excluida su aplicación a las neurosis.

2

El estudio directo del narcisismo tropieza aún con dificultades insuperables. El mejor acceso indirecto continúa siendo el análisis de las parafrenias. Del mismo modo que las neurosis de transferencia nos han facilitado la observación de las tendencias instintivas libidinosas, la demencia precoz y la paranoia habrán de procurarnos una visión de la psicología del *yo*. Habremos, pues, de deducir nuevamente de las deformaciones e intensificaciones de lo patológico lo normal, aparentemente simple. De todos modos, aún se nos abren algunos otros caminos de aproximación al conocimiento del narcisismo. Tales caminos son la observación de la enfermedad orgánica, de la hipocondría y de la vida erótica de los sexos.

Al dedicar mi atención a la influencia de la enfermedad orgánica sobre la distribución de la libido sigo un estímulo de mi colega el doctor S. Ferenczi. Todos sabemos, y lo consideramos natural, que el individuo aquejado de un dolor o un malestar orgánico cesa de interesarse por el mundo exterior en cuanto no tiene relación con su dolencia. Una observación más detenida nos muestra que también retira de sus objetos eróticos el interés libidinoso, cesando así de amar mientras sufre. La vulgaridad de este hecho no debe impedirnos darle una expresión en los términos de la teoría de la libido. Diremos, pues, que el enfermo retrae a su *yo* sus cargas de libido para destacarlas de nuevo hacia la curación. La libido y el interés del *yo* tienen aquí un destino común y vuelven a hacerse indiferenciables. Semejante conducta del enfermo nos parece naturalísima, porque estamos seguros de que también ha de ser la nuestra en igual caso. Esta desaparición de toda disposición amorosa, por intensa que sea, ante un dolor físico, y su repentina sustitución por la más completa indiferencia han sido también muy explotadas como fuentes de comicidad.

Análogamente a la enfermedad, el sueño significa también una retracción narcisista de las posiciones de la libido a la propia persona o, más exactamente, sobre el deseo único y exclusivo de dormir. El egoísmo de los sueños tiene quizá en esto su explicación. En ambos casos vemos ejemplos de modificaciones de la distribución de la libido consecutivas a una modificación del *yo*.

Su hipocondría se manifiesta, como la enfermedad orgánica, en sensaciones somáticas penosas o dolorosas, y coincide también con ella en cuanto a la distribución de la libido. El hipocondríaco retrae su interés y su libido –con especial claridad esta última– de los objetos del mundo exterior y los concentra ambos sobre el órgano que le preocupa. Entre la hipocondría y la enfermedad orgánica observamos, sin embargo, una diferencia: en la enfermedad, las sensaciones dolorosas tienen su fundamento en alteraciones comprobables, y en la hipocondría, no. Pero, de acuerdo con nuestra apreciación general de los procesos neuróticos, podemos decidirnos a afirmar que tampoco en la hipocondría deben faltar tales alteraciones orgánicas. ¿En qué consistirán, pues?

Nos dejaremos orientar aquí por la experiencia de que tampoco en las demás neurosis faltan sensaciones somáticas displacientes comparables a las hipocondríacas. Ya en otro lugar hube de manifestarme inclinado a asignar a la hipocondría un puesto entre las neurosis actuales, al lado de la neurastenia y la neurosis de angustia. No nos parecía exagerado afirmar que a todas las demás neurosis se mezcla también algo de hipocondría. Donde mejor se ve esta inmixtión es en la neurosis de angustia y en la histeria que se superpone a ella. Ahora bien: en el aparato genital externo en estado de excitación tenemos el ejemplo de un órgano que se manifiesta dolorosamente sensible y presenta cierta alteración, sin que se halle enfermo, en el sentido corriente de la palabra. No está enfermo y, sin embargo, aparece hinchado, congestionado, húmedo, y constituye la sede de múltiples sensaciones. Si ahora damos el nombre de «erogeneidad» a la facultad de una parte del cuerpo de enviar a la vida anímica estímulos sexualmente excitantes, y recordamos que la teoría sexual nos ha acostumbrado hace ya mucho tiempo a la idea de que ciertas otras partes del cuerpo –las zonas *erógenas*– pueden representar a los genitales y comportarse como ellos, podremos ya aventurarnos a dar un paso más y decidirnos a considerar la erogeneidad como una cualidad general de todos los órganos, pudiendo hablar entonces de la intensificación o la disminución de la misma en una determinada parte del cuerpo. Paralelamente a cada una de estas alteraciones de la erogeneidad en los órganos podría tener efecto una alteración de la carga de libido en el *yo*. Tales serían, pues, los factores básicos de la hipocondría, susceptibles de ejercer sobre la distribución de la libido la misma influencia que la enfermedad material de los órganos.

Este proceso mental nos llevaría a adentrarnos en el problema general de las neurosis actuales, la neurastenia y la neurosis de angustia, y no sólo en el de la hipocondría. Por tanto, haremos aquí alto, pues una investigación puramente psicológica no debe adentrarse tanto en los dominios de la investigación fisiológica. Nos limitaremos a hacer constar la sospecha de que la hipocondría se halla, con respecto a la parafrenia, en la misma relación que las otras neurosis actuales con la histeria y la neurosis obsesiva, dependiendo, por tanto, de la libido del *yo,* como las otras de la libido objetivada. La angustia hipocondríaca sería la contrapartida, en la libido del *yo,* de la angustia neurótica. Además, una vez familiarizados con la idea de enlazar el mecanismo de la adquisición de la enfermedad y de la producción de síntomas, en las neurosis de transferencia –el paso de la introversión a la regresión–, a un estancamiento de la libido objetivada, podemos aproximarnos también a la de un estancamiento de la libido del *yo* y relacionarlo con los fenómenos de la hipocondría y la parafrenia.

Naturalmente, nuestro deseo de saber nos planteará la interrogación de por qué tal estancamiento de la libido en el *yo* ha de ser sentido como displacer. De momento quisiera limitarme a indicar que el displacer es la expresión de un incremento de la tensión, siendo, por tanto, una cantidad del suceder material la que aquí, como en otros lados, se transforma en la cualidad psíquica del displacer. El desarrollo del displacer no dependerá por tanto de la magnitud absoluta de aquel proceso material, sino más bien de cierta función de esa magnitud absoluta. Desde este punto, podemos ya aproximarnos a la cuestión de por qué la vida anímica se ve forzada a traspasar las fronteras del narcisismo e investir de libido objetos exteriores. La respuesta deducida de la ruta mental que venimos siguiendo sería la de que dicha necesidad surge cuando la carga libidinosa del *yo* sobrepasa cierta medida. Un intenso egoísmo protege contra la enfermedad; pero, al fin y al cabo, hemos de comenzar a amar para no enfermar y enfermamos en cuanto una prohibición interior o exterior nos impide amar.

En nuestro aparato psíquico hemos reconocido una instancia a la que está encomendado el vencimiento de aquellas excitaciones que habrían de engendrar displacer o actuar de un modo patógeno. La elaboración psíquica desarrolla extraordinarios rendimientos en cuanto a la derivación interna de excitaciones no susceptibles de una inmediata descarga exterior o cuya descarga exterior inmediata no resulta deseable. Mas para esta elaboración interna es indiferente, en un principio, actuar sobre objetos reales o imaginarios. La diferencia surge después, cuando la orientación de la libido hacia los objetos irreales (introversión) llega a provocar un estancamiento de la libido. La manía de grandezas permite en las parafrenias una análoga elaboración interna de la libido retraída del *yo,* y quizá sólo cuando esta elaboración fracasa es cuando se hace patógeno el estancamiento de la libido en el yo y provoca el proceso de curación que tanto nos impone como enfermedad.

Intentaré penetrar ahora algunos pasos en el mecanismo de la parafrenia, reuniendo aquellas observaciones que me parecen alcanzar ya alguna importancia. La diferencia entre estas afecciones y las neurosis de transferencia reside, para mí, en la circunstancia de que la libido, libertada por la prohibición, no permanece ligada a objetos en la fantasía, sino que se retrae al *yo*. La manía de grandezas corresponde entonces al dominio psíquico de esta libido; esto es, a la introversión sobre los productos imaginarios en las neurosis de transferencia. Correlativamente, al fracaso de esta función psíquica correspondería la hipocondría de la parafrenia, homóloga a la angustia de las neurosis de transferencia. Sabemos ya que esta angustia puede ser vencida por una prosecución de la elaboración psíquica, o sea por conversión, por la producción de reacciones o por la constitución de un dispositivo protector (una fobia). Ésta es la posición que toma en las parafrenias la tentativa de restitución, proceso al que debemos los fenómenos patológicos manifiestos. Como la parafrenia no trae consigo muchas veces –si no la mayoría– más que un desligamiento parcial de la libido de sus objetos, podrían distinguirse en su cuadro tres grupos de fenómenos: 1.º los de la normalidad conservada o neurosis (fenómenos residuales); 2.º los del proceso patológico (el desligamiento de la libido de sus objetos, la manía de grandezas, la perturbación efectiva, la hipocondría y todas las regresiones), y 3.º los de la restitución, que ligan nuevamente la libido a los objetos, bien a la manera de una histeria (demencia precoz, parafrenia propiamente dicha), bien a la de una neurosis obsesiva (paranoia). Esta nueva carga de libido sucede desde un nivel diferente y bajo distintas condiciones que la primaria. La diferencia entre las neurosis de transferencia en ella creadas y los productores correspondientes del *yo* normal habrían de facilitarnos una profunda visión de la estructura de nuestro aparato anímico.

La vida erótica humana, con sus diversas variantes en el hombre y en la mujer, constituye otro acceso al estudio del narcisismo. Del mismo modo que la libido del objeto encubrió al principio a nuestra observación la libido del *yo,* tampoco hasta llegar a la elección del objeto del niño (y del adolescente) hemos advertido que el mismo toma sus objetos sexuales de sus experiencias de satisfacción. Las primeras satisfacciones sexuales autoeróticas son vividas en relación con funciones vitales destinadas a la conservación. Los instintos sexuales se apoyan al principio en la satisfacción de los instintos del *yo,* y sólo ulteriormente se hacen independientes de estos últimos. Pero esta relación se muestra también en el hecho de que las personas a las que han estado encomendados la alimentación, el cuidado y la protección del niño son sus primeros objetos sexuales, o sea, en primer lugar, la madre o sus subrogados. Junto a este tipo de la elección de objeto, al que podemos dar el nombre de tipo de aposición *(Anlehnungstypus),* la investigación psicoanalítica nos ha descubierto otro que ni siquiera sospechábamos. Hemos comprobado que muchas personas, y especialmente aquellas en las cuales el desarrollo de la libido ha sufrido alguna perturbación (por ejemplo, los perversos y los homosexuales), no eligen su ulterior objeto erótico conforme a la imagen de la madre, sino conforme a la de su propia persona. Demuestran buscarse a sí mismos como objeto erótico, realizando así su elección de objeto conforme a un tipo que podemos llamar narcisista. En esta observación ha de verse el motivo principal que nos ha movido a adoptar la hipótesis del narcisismo.

Pero de este descubrimiento no hemos concluido que los hombres se dividan en dos grupos, según realicen su elección de objeto conforme al tipo de aposición o al tipo narcisista, sino que hemos preferido suponer que el individuo encuentra abiertos ante sí dos caminos distintos para la elección de objeto, pudiendo preferir uno de los dos. Decimos, por tanto, que el individuo tiene dos objetos sexuales primitivos: él mismo y la mujer nutriz, y presuponemos así el narcisismo primario de todo ser humano, que eventualmente se manifestará luego, predominando en su elección de objeto.

El estudio de la elección de objeto en el hombre y en la mujer nos descubre diferencias fundamentales, aunque, naturalmente, no regulares. El amor completo al objeto, conforme al tipo de aposición, es característico del hombre. Muestra aquella singular hiperestimación sexual cuyo origen está, quizá, en el narcisismo primitivo del niño, y que corresponde, por tanto, a una transferencia del mismo sobre el objeto sexual. Esta hiperestimación sexual permite la génesis del estado de enamoramiento, tan peculiar y que tanto recuerda la obsesión neurótica; estado que podremos referir, en consecuencia, a un empobrecimiento de la libido del *yo* en favor del objeto. La evolución muestra muy distinta estructura en el tipo de mujer más corriente y probablemente más puro y auténtico. En este tipo de mujer parece surgir, con la pubertad y por el desarrollo de los órganos sexuales femeninos, latentes hasta entonces, una intensificación del narcisismo primitivo que resulta desfavorable a la estructuración de un amor objetivado regular y acompañado de hiperestimación sexual. Sobre todo en las mujeres bellas nace una complacencia de la sujeto por sí misma que le compensa de las restricciones impuestas por la sociedad a su elección de objeto. Tales mujeres sólo se aman, en realidad, a sí mismas y con la misma intensidad con que el hombre las ama. No necesitan amar, sino ser amadas, y aceptan al hombre que llena esta condición. La importancia de este tipo de mujeres para la vida erótica de los hombres es muy elevada, pues ejercen máximo atractivo sobre ellos, y no sólo por motivos estéticos, pues por lo general son las más bellas, sino también a consecuencia de interesantísimas constelaciones psicológicas. Resulta, en efecto, fácilmente visible que el narcisismo de una persona ejerce gran atractivo sobre aquellas otras que han renunciado plenamente al suyo y se encuentran pretendiendo el amor del objeto. El atractivo de los niños reposa en gran parte en su narcisismo, en su actitud de bastarse a sí mismo, lo mismo que el de ciertos animales que parecen no ocuparse de nosotros en absoluto; por ejemplo, los gatos y las grandes fieras. Análogamente, en la literatura, el tipo de criminal célebre y el del humorista acaparan nuestro interés por la consecuencia narcisista con la que saben mantener apartado de su *yo* todo lo que pudiera empequeñecerlo. Es como si los envidiásemos por saber conservar un dichoso estado psíquico, una inatacable posesión de la libido, a la cual hubiésemos tenido que renunciar por nuestra parte. Pero el extraordinario atractivo de la mujer narcisista tiene también su reverso: gran parte de la insatisfacción del hombre enamorado, sus dudas sobre el amor de la mujer y sus lamentaciones sobre los enigmas de su carácter tienen sus raíces en esa incongruencia de los tipos de elección de objeto.

Quizá no sea inútil asegurar que esta descripción de la vida erótica femenina no implica tendencia ninguna a disminuir a la mujer. Aparte de que acostumbro mantenerme rigurosamente alejado de toda tendencia, sé muy bien que estas variantes corresponden a la diferenciación de funciones en un todo biológico extraordinariamente complicado. Pero, además, estoy dispuesto a reconocer que existen muchas mujeres que aman conforme al tipo masculino y desarrollan también la hiperestimación sexual correspondiente.

También para las mujeres narcisistas y que han permanecido frías para con el hombre existe un camino que las lleva al amor objetivado de toda su plenitud. En el hijo al que dan la vida se les presenta una parte de su propio cuerpo como un objeto exterior, al que pueden consagrar un pleno amor objetivado, sin abandonar por ello su narcisismo. Por último, hay todavía otras mujeres que no necesitan esperar a tener un hijo para pasar del narcisismo (secundario) al amor objetivado. Se han sentido masculinas antes de la pubertad y han seguido, en su desarrollo, una parte de la trayectoria masculina, y cuando esta aspiración a la masculinidad queda rota por la madurez femenina, conservan la facultad de aspirar a un ideal masculino, que en realidad no es más que la continuación de la criatura masculina que ellas mismas fueron.

Cerraremos estas observaciones con una breve revisión de los caminos de la elección de objeto. Se ama:

1.º Conforme al tipo narcisista:
   a) Lo que uno es (a sí mismo).
   b) Lo que uno fue.
   c) Lo que uno quisiera ser.
   d) A la persona que fue una parte de uno mismo.

2.º Conforme al tipo de aposición:
   a) A la mujer nutriz.
   b) Al hombre protector.

Y a las personas sustitutivas que de cada una de estas dos parten en largas series. El caso c) del primer tipo habrá de ser aún justificado con observaciones ulteriores.

En otro lugar y en una relación diferente habremos de estudiar también la significación de la elección de objeto narcisista para la homosexualidad masculina.

El narcisismo primario del niño por nosotros supuesto, que contiene una de las premisas de nuestras teorías de la libido, es más difícil de aprehender por medio de la observación directa que de comprobar por deducción desde otros puntos. Considerando la actitud de los padres cariñosos con respecto a sus hijos, hemos de ver en ella una reviviscencia y una reproducción del propio narcisismo, abandonado mucho tiempo ha. La hiperestimación, que ya hemos estudiado como estigma narcisista en la elección de objeto, domina, como es sabido, esta relación afectiva. Se atribuyen al niño todas las perfecciones, cosa para la cual no hallaría quizá motivo alguno una observación más serena, y se niegan o se olvidan todos sus defectos, como lo demuestra la apasionada repulsa de la sexualidad infantil. Pero existe también la tendencia a suspender para el niño todas las conquistas culturales, cuyo reconocimiento hemos tenido que imponer a nuestro narcisismo, y a renovar para él privilegios renunciados hace mucho tiempo. La vida ha de ser más fácil para el niño que para sus padres.

La enfermedad, la muerte, la renuncia al placer y la limitación de la propia voluntad han de desaparecer para él, y las leyes de la naturaleza, así como las de la sociedad, deberán detenerse ante su persona. Habrá de ser de nuevo el centro y el nódulo la creación: *His Majesty the baby,* como un día lo creímos ser nosotros. Deberá realizar los deseos incumplidos de sus progenitores y llegar a ser un grande hombre o un héroe en lugar de su padre, o, si es hembra, a casarse con un príncipe, para tardía compensación de su madre. El punto más espinoso del sistema narcisista, la inmortalidad del *yo,* tan duramente negada por la realidad, conquista su afirmación refugiándose en el niño. El amor parental, tan conmovedor y tan infantil en el fondo, no es más que una resurrección del narcisismo de los padres, que revela evidentemente su antigua naturaleza en esta su transformación en amor objetivado.

3

Las perturbaciones a las que está expuesto el narcisismo primitivo del niño, las reacciones con las cuales se defiende de ellas el infantil sujeto y los caminos por los que de este modo es impulsado constituyen un tema importantísimo, aún no examinado, y que habremos de reservar para un estudio detenido y completo. Por ahora podemos desglosar de este conjunto uno de sus elementos más importantes, el «complejo de la castración» (miedo a la pérdida del pene en el niño y envidia del pene en la niña), y examinarlo en relación con la temprana intimidación sexual. La investigación psicoanalítica, que nos permite, en general, perseguir los destinos de los instintos libidinosos cuando éstos, aislados de los instintos del *yo,* se encuentran en oposición a ellos, nos facilita en este sector ciertas deducciones sobre una época y una situación psíquica en las cuales ambas clases de instintos actúan en un mismo sentido e inseparablemente mezclados, como intereses narcisistas. De esta totalidad ha extraído A. Adler su «protesta masculina», en la cual ve casi la única energía impulsora de la génesis del carácter y de las neurosis, pero que no la funda en una tendencia narcisista, y, por tanto, aún libidinosa, sino en una valoración social.

La investigación psicoanalítica ha reconocido la existencia y la significación de la «protesta masculina» desde un principio, pero sostiene, contra Adler, su naturaleza narcisista y su procedencia del complejo de la castración. Constituye uno de los factores de la génesis del carácter y es totalmente inadecuada para la explicación de los problemas de las neurosis, en las cuales no quiere ver Adler más que la forma en la que sirven a los intereses del *yo.* Para mí resulta completamente imposible fundar la génesis de la neurosis sobre la estrecha base del complejo de castración, por muy poderosamente que el mismo se manifieste también en los hombres bajo la acción de las resistencias opuestas a la curación. Por último, conozco casos de neurosis en los cuales la «protesta masculina» o, en nuestro sentido, el complejo de castración no desempeña papel patógeno alguno o no aparece en absoluto.

La observación del adulto normal nos muestra muy mitigada su antigua manía de grandezas y muy desvanecidos los caracteres infantiles de los cuales dedujimos su narcisismo infantil. ¿Qué ha sido de la libido del *yo*? ¿Habremos de suponer que todo su caudal se ha gastado en cargas de objeto? Esta posibilidad contradice todas nuestras deducciones. La psicología de la represión nos indica una solución distinta.

Hemos descubierto que las tendencias instintivas libidinosas sucumben a una represión patógena cuando entran en conflicto con las representaciones éticas y culturales del individuo. Esto no significa nunca que el sujeto tenga un mero conocimiento intelectual de tales representaciones, sino que reconoce en ellas una norma y se somete a sus exigencias. Hemos dicho que la represión parte del *yo,* pero aún podemos precisar más diciendo que parte de la propia estimación del *yo.* Aquellos mismos impulsos, sucesos, deseos e impresiones que un individuo determinado tolera en sí o, por lo menos, elabora conscientemente son rechazados por otros con indignación o incluso abogados antes que puedan llegar a la conciencia. Pero la diferencia que contiene la condición de la expresión puede ser fácilmente expresada en términos que faciliten su consideración desde el punto de vista de la teoría de la libido. Podemos decir que uno de estos sujetos ha construido en sí un ideal, con el cual compara su *yo* actual, mientras que el otro carece de semejante ideal. La formación de un ideal sería, por parte del *yo,* la condición de la represión.

A este *yo* ideal se consagra el amor ególatra de que en la niñez era objeto el *yo* verdadero. El narcisismo aparece desplazado sobre este nuevo *yo* ideal, adornado, como el infantil, con todas las perfecciones. Como siempre en el terreno de la libido, el hombre se demuestra aquí, una vez más, incapaz de renunciar a una satisfacción ya gozada alguna vez. No quiere renunciar a la perfección de su niñez, y ya que no pudo mantenerla ante las enseñanzas recibidas durante su desarrollo y ante el despertar de su propio juicio, intenta conquistarla de nuevo bajo la forma del *yo* ideal. Aquello que proyecta ante sí como su ideal es la sustitución del perdido narcisismo de su niñez, en el cual era él mismo su propio ideal.

Examinemos ahora las relaciones de esta formación de un ideal con la sublimación. La sublimación es un proceso que se desarrolla en la libido objetivada, y consiste en que el instinto se orienta sobre un fin diferente y muy alejado de la satisfacción sexual. Lo más importante de él es el apartamiento de lo sexual. La idealización es un proceso que tiene efecto en el objeto, engrandeciéndolo y elevándolo psíquicamente, sin transformar su naturaleza. La idealización puede producirse tanto en el terreno de la libido del *yo* como en la de la libido objetivada. Así, la hiperestimación sexual del objeto es una idealización del mismo. Por consiguiente, en cuanto la sublimación describe algo que sucede con el instinto, y la idealización, algo que sucede con el objeto, se tratará de dos conceptos totalmente diferentes.

La producción de un *yo* ideal es confundida erróneamente, a veces, con la sublimación de los instintos. El que un individuo haya trocado su narcisismo por la veneración de un *yo* ideal no implica que haya conseguido la sublimación de sus instintos libidinosos. El *yo* ideal exige esta sublimación, pero no puede imponerla. La sublimación continúa siendo un proceso distinto, cuyo estímulo puede partir del ideal, pero cuya ejecución permanece totalmente independiente de tal estímulo. Precisamente en los neuróticos hallamos máximas diferencias de tensión entre el desarrollo del *yo* ideal y el grado de sublimación de sus primitivos instintos libidinosos, y, en general, resulta más difícil convencer a un idealista de la inadecuada localización de su libido que a un hombre sencillo y mesurado en sus aspiraciones. La relación existente entre la formación de un *yo* ideal y la causación de la neurosis es también muy distinta de la correspondiente a la sublimación. La producción de un ideal eleva, como ya hemos dicho, las exigencias del *yo* y favorece más que nada la represión. En cambio, la sublimación representa un medio de cumplir tales exigencias sin recurrir a la represión.

No sería de extrañar que encontrásemos una instancia psíquica especial encargada de velar por la satisfacción narcisista en el *yo* ideal y que, en cumplimiento de su función, vigile de continuo el *yo* actual y lo compare con el ideal. Si tal instancia existe, no nos sorprenderá nada descubrirla, pues reconoceremos en el acto en ella aquello a lo que damos el nombre de *conciencia moral*. El reconocimiento de esta instancia nos facilita la comprensión de la llamada manía de consideración o, más exactamente, de observación, tan manifiesta en la sintomatología de las enfermedades paranoicas y que, quizá, puede presentarse también como perturbación aislada o incluida en una neurosis de transferencia. Los enfermos se lamentan entonces de que todos sus pensamientos son descubiertos por los demás y observados y espiados sus actos todos. De la actuación de esta instancia les informan voces misteriosas, que les hablan característicamente en tercera persona. («Ahora vuelve él a pensar en ello; ahora se va.») Esta queja de los enfermos está perfectamente justificada y corresponde a la verdad. En todos nosotros, y dentro de la vida normal, existe realmente tal poder que observa, advierte y critica todas nuestras intenciones. La manía de observación los representa en forma regresiva, descubriendo con ello su génesis y el motivo por el que el enfermo se rebela contra él.

El estímulo para la formación del *yo* ideal, cuya vigilancia está encomendada a la conciencia, tuvo su punto de partida en la influencia crítica ejercida, de viva voz, por los padres, a los cuales se agregan luego los educadores, los profesores y, por último, toda la multitud innumerable de las personas del medio social correspondiente. (Los contemporáneos, la opinión pública.)

De este modo son atraídas a la formación del *yo* ideal narcisista grandes magnitudes de libido esencialmente homosexual y encuentran en la conservación del mismo una derivación y una satisfacción. La institución de la conciencia moral fue primero una encarnación de la crítica parental y luego de la crítica de la sociedad, un proceso como el que se repite en la génesis de una tendencia a la represión, provocada por una prohibición o un obstáculo exterior. Las voces, así como la multitud indeterminada, reaparecen luego en la enfermedad, y con ello, la historia evolutiva de la conciencia, regresivamente reproducida. La rebeldía contra la injusticia censora proviene de que el sujeto, correlativamente al carácter fundamental de la enfermedad, quiere desligarse de todas estas influencias, comenzando por la parental, y retira de ellas la libido homosexual. Su conciencia se le opone entonces en una representación regresiva, como una acción hostil, orientada hacia él desde el exterior.

Las lamentaciones de los paranoicos demuestran también que la autocrítica de la conciencia coincide, en último término, con la autoobservación en la cual se basa. La misma actividad psíquica que ha tomado a su cargo la función de la conciencia se ha puesto también, por tanto, al servicio de la introspección, que suministra a la filosofía el material para sus operaciones mentales. Esta circunstancia no es quizá indiferente en cuanto a la determinación del estímulo de la formación de sistemas especulativos que caracteriza a la paranoia.

Será muy importante hallar también en otros sectores indicios de la actividad de esta instancia observadora y crítica, elevada a la categoría de conciencia y de introspección filosófica. Recordaré, pues, aquello que H. Silberer ha descrito con el nombre de «fenómeno funcional» y que constituye uno de los escasos complementos de valor indiscutible aportados hasta hoy a nuestra teoría de los sueños. Silberer ha mostrado que, en estados intermedios entre la vigilia y el sueño, podemos observar directamente la transformación de ideas en imágenes visuales; pero que, en tales circunstancias, lo que surge ante nosotros no es, muchas veces, una representación del contenido mental, sino del estado en el que se encuentra la persona que lucha con el sueño. Asimismo ha demostrado que algunas conclusiones de los sueños y ciertos detalles de los mismos corresponden exclusivamente a la autopercepción del estado de reposo o del despertar. Ha descubierto, pues, la participación de la autopercepción –en el sentido de la manía de observación paranoica– en la producción onírica. Esta participación es muy inconstante. Para mí hubo de pasar inadvertida, porque no desempeña papel alguno reconocido en mis sueños. En cambio, en personas de dotes filosóficas, habituales a la introspección, se hace quizá muy perceptible.

Recordaremos haber hallado que la producción onírica nace bajo el dominio de una censura que impone a las ideas latentes del sueño una deformación. Pero no hubimos de representarnos esta censura como un poder especial, sino que denominamos así aquella parte de las tendencias represoras dominantes en el *yo* que aparecía orientada hacia las ideas del sueño. Penetrando más en la estructura del *yo,* podemos reconocer también en el *yo* ideal y en las manifestaciones dinámicas de la conciencia moral este censor del sueño. Si suponemos que durante el reposo mantiene aún alguna atención, comprenderemos que la premisa de su actividad, la autoobservación y la autocrítica puedan suministrar una aportación al contenido del sueño, con advertencias tales como «ahora tiene demasiado sueño para pensar» o «ahora despierta».

Partiendo de aquí podemos intentar un estudio de la autopercepción en el individuo normal y en el neurótico.

Al introducir nuestra diferenciación de instintos sexuales e instintos del *yo,* tenemos que reconocer a la autopercepción una íntima relación con la libido narcisista. Nos apoyamos para ello en dos hechos fundamentales: el de que la autopercepción aparece intensificada en las parafrenias y debilitada en las neurosis de transferencia, y el de que, en la vida erótica, el no ser amado disminuye la autopercepción, y el serlo, la incrementa. Ya hemos indicado que el ser amado constituye el fin y la satisfacción en la elección narcisista de objeto.

No es difícil, además, observar que la carga de libido de los objetos no intensifica la autopercepción. La dependencia del objeto amado es causa de depresión; el enamorado es humilde. El que ama pierde, por decirlo así, una parte de su narcisismo, y sólo puede compensarla siendo amado. En todas estas relaciones parece permanecer enlazada la autopercepción con la participación narcisista en la vida erótica.

La percepción de la impotencia, de la imposibilidad de amar a causa de perturbaciones físicas o anímicas, deprime extraordinariamente la autopercepción. A mi juicio, es ésta una de las causas del sentimiento de inferioridad del sujeto en las neurosis de transferencia. Pero la fuente principal de este sentimiento es el empobrecimiento del *yo,* resultante de las grandes cargas de libido que le son sustraídas, o sea, el daño del *yo* por las tendencias sexuales no sometidas ya a control ninguno.

A. Adler ha indicado acertadamente que la percepción de algunos defectos orgánicos actúa como un estímulo sobre una vida anímica capaz de rendimientos, y provoca, por el camino de la hipercompensación, un rendimiento a esta condición de una inferioridad orgánica primitiva. No todos los pintores padecen algún defecto de la visión, ni todos los buenos oradores han comenzado por ser tartamudos. Existen también muchos rendimientos extraordinarios basados en dotes orgánicas excelentes. En la etiología de las neurosis, la inferioridad orgánica desempeña un papel insignificante, el mismo que el material de la percepción actual en cuanto a la producción onírica. La neurosis se sirve de ella como de un pretexto, lo mismo que de todos los demás factores que pueden servirle de ello. Si una paciente nos hace creer que ha tenido que enfermar de neurosis porque es fea, contrahecha y sin ningún atractivo, siendo así imposible que nadie la ame, no tardará otra en hacernos cambiar de opinión mostrándonos que permanece tenazmente refugiada en su neurosis y en su repulsa sexual no obstante ser extraordinariamente deseable y deseada. Las mujeres histéricas suelen ser, en su mayoría, muy atractivas o incluso bellas, y, por otro lado, la acumulación de fealdad y defectos orgánicos en las capas inferiores de nuestra sociedad no contribuye perceptiblemente a la frecuencia de las enfermedades neuróticas en este medio.

Las relaciones de la autopercepción con el erotismo (con las cargas libidinosas de objeto) pueden encerrarse en las siguientes fórmulas: deben distinguirse dos casos, según que las cargas de libido sean consentidas por el *yo* o hayan sufrido, por lo contrario, una represión. En el primer caso (dado un empleo de la libido aceptado por el *yo*), el amor es estimado como otra cualquier actividad del *yo*. El amor en sí, como anhelo y como privación, deprime la autopercepción, y el ser amado o correspondido, la posesión del objeto amado, la intensifica de nuevo. Dada una represión de la libido, la carga libidinosa es sentida como una grave disimulación del *yo*, la satisfacción del amor se hace imposible, y el nuevo enriquecimiento del *yo* sólo puede tener efecto retrayendo de los objetos la libido que los investía.

La importancia del tema y la imposibilidad de lograr de él una visión de conjunto justificarán la agregación de algunas otras observaciones, sin orden determinado.

La evolución del *yo* consiste en un alejamiento del narcisismo primario y crea una intensa tendencia a conquistarlo de nuevo. Este alejamiento sucede por medio del desplazamiento de la libido sobre un *yo* ideal impuesto desde el exterior, y la satisfacción es proporcionada por el cumplimiento de este ideal.

Simultáneamente ha destacado el *yo* las cargas libidinosas de objeto. Se ha empobrecido en favor de estas cargas, así como del *yo* ideal, y se enriquece de nuevo por las satisfacciones logradas en los objetos y por el cumplimiento del ideal.

Una parte de la autopercepción es primaria: el residuo del narcisismo infantil; otra procede de la omnipotencia confirmada por la experiencia (del cumplimiento del ideal), y una tercera, de la satisfacción de la libido objetivada.

El *yo* ideal ha conseguido la satisfacción de la libido en los objetos bajo condiciones muy difíciles, renunciando a una parte de la misma, considerada rechazable por su censor. En aquellos casos en los que no ha llegado a desarrollarse tal idea, la tendencia sexual de que se trate entra a formar parte de la personalidad del sujeto en calidad de perversión. Los hombres cifran su felicidad en volver a ser su propio ideal, también en lo que respecta a los instintos sexuales, como en su niñez.

El enamoramiento consiste en una afluencia de la libido del *yo* al objeto. Tiene el poder de levantar represiones y volver a instituir perversiones. Dado que tiene efecto según el tipo de aposición y sobre la base de la realización de condiciones eróticas infantiles, podemos decir: lo que cumple estas condiciones eróticas es idealizado.

El ideal sexual puede entrar en una interesante relación auxiliar con el *yo* ideal. Cuando la satisfacción narcisista tropieza con los obstáculos reales, puede ser utilizado el ideal sexual como satisfacción sustitutiva. Se ama entonces, conforme al tipo de la elección de objeto narcisista, aquello que hemos sido y hemos dejado de ser o aquello que posee perfecciones de que carecemos. La fórmula correspondiente sería: aquello que posee la perfección que le falta al *yo* para llegar al ideal es amado. Este caso complementario entraña una importancia especial para el neurótico, en el cual ha quedado empobrecido el *yo* por las excesivas cargas de objeto e incapacitado para alcanzar su ideal. El sujeto intentará entonces retornar al narcisismo, eligiendo, conforme al tipo narcisista, un ideal sexual que posea las perfecciones que él no puede alcanzar. Ésta sería la curación por el amor, que el sujeto prefiere, en general, a la analítica. Llegará incluso a no creer en la posibilidad de otro medio de curación e iniciará la cura con la esperanza de lograrlo en ella, orientando tal esperanza sobre la persona del médico. Pero a este plan curativo se opone, naturalmente, la incapacidad de amar del enfermo, provocada por sus extensas represiones. Cuando el tratamiento llega a desvanecer un tanto esta incapacidad, surge a veces un desenlace indeseable: el enfermo se sustrae a la continuación del análisis para realizar una elección amorosa y encomendar y confiar a la vida en común con la persona amada el resto de la curación. Este desenlace podría parecernos satisfactorio si no trajese consigo, para el sujeto, una rigurosa dependencia de la persona que le ha prestado su amoroso auxilio.

Del ideal del *yo* parte un importante camino para la comprensión de la psicología colectiva. Este ideal tiene, además de su parte individual, su parte social: es también el ideal común de una familia, de una clase o de una nación. Además de la libido narcisista, atrae a sí gran magnitud de la libido homosexual, que ha retornado al *yo*. La insatisfacción provocada por el incumplimiento de este ideal deja eventualmente en libertad un acopio de la libido homosexual, que se convierte en conciencia de culpa (angustia social). Este sentimiento de culpabilidad fue, originariamente, miedo al castigo de los padres o, más exactamente, a perder el amor de los mismos. Más tarde, los padres quedan sustituidos por la multitud indeterminada de los contemporáneos. La frecuente causación de la paranoia por una modificación del *yo,* esto es, por la ausencia de satisfacción en el campo del ideal del *yo,* se nos hace así comprensible, e igualmente la coincidencia de la idealización y la sublimación en el ideal del *yo* y la regresión de las sublimaciones y la eventual transformación de los ideales en las parafrenias.

Ejemplos de cómo los neuróticos revelan sus fantasías patógenas

a) Hace poco tuve ocasión de ver a un paciente de unos veinte años que presentaba un cuadro de demencia precoz (hebefrenia), diagnosticado también por otro médico. Al comienzo de su enfermedad había presentado cambios periódicos de su estado de ánimo, alcanzó una notable mejoría y fue retirado por sus padres del sanatorio cuando se encontraba en tan favorable estado; durante más o menos una semana se lo festejó con toda clase de diversiones para celebrar su supuesta curación. Pasada esta semana sobrevino al punto una recaída. Al retornar al sanatorio contó que el médico de consulta que lo observara en el ínterin le había aconsejado «coqueteara un poco con su madre». No cabe duda de que en esta deformación delirante de sus recuerdos expresaba la excitación que le había producido la reunión con su madre, motivo inmediato de su empeoramiento.

b) Hace más de diez años, en una época en que los resultados y las premisas del psicoanálisis sólo eran familiares a pocas personas, me narraron, de fuente fidedigna, el siguiente episodio: una joven, hija de un médico, había enfermado de histeria, con síntomas locales; el padre negó la posibilidad de la histeria e hizo realizar diversos tratamientos somáticos, que dieron escaso resultado. Una amiga le preguntó cierta vez a la enferma: «¿Nunca pensó usted en consultar al doctor F...?». A lo cual respondiole ésta: «¿Para qué habría de hacerlo? Ya sé que me preguntaría: ¿no se le ocurrió a usted tener relaciones sexuales con su padre?». Considero superfluo afirmar que ni solía preguntar entonces tal cosa ni lo hago actualmente. Pero es notable que muchas cosas contadas por los pacientes como si fueran manifestaciones o actos de los médicos pueden ser comprendidas precisamente como revelaciones de sus propias fantasías patógenas.

El significado de la aliteración de las vocales

Seguramente se ha protestado con frecuencia contra la regla, formulada por Stekel, de que en sueños y en ocurrencias los nombres que se ocultan tengan que ser sustituidos por otros que sólo tienen de común con aquéllos la sucesión de sus vocales. Sin embargo, la religión nos ofrece una notable analogía a esa regla. Entre los antiguos hebreos, el nombre de Dios era *tabú;* no se debía pronunciar ni escribir; ejemplo este de la particular importancia del nombre en las culturas arcaicas, que de ningún modo es el único. La prohibición era mantenida tan estrictamente, que también hoy se desconoce la vocalización del nombre divino.

Este nombre se pronuncia *Jehovah,* dándole los signos vocales del nombre Adonái ('Señor'), no prohibido. (S. Reinach: *Cultes, Mythes et Religions,* tomo I, página 1, 1908.)

Experiencias y ejemplos de la práctica analítica

La recopilación de pequeñas aportaciones que aquí iniciamos con una primera serie exige algunas palabras introductorias. Naturalmente, los casos patológicos en los cuales el psicoanalista realiza sus observaciones no tienen todos el mismo valor para el acrecentamiento de su saber. Hay algunos que le obligan a aplicar cuanto sabe, sin permitirle aprender nada nuevo; otros, que le muestran lo ya conocido en expresión particularmente nítida y en hermoso aislamiento, de modo que no sólo debe a estos enfermos confirmaciones, sino también ampliaciones de sus conocimientos. Tenemos derecho a sospechar que los procesos psíquicos que queremos estudiar no son en los primeros casos distintos que en los segundos, pero preferimos describirlos en estos ejemplos favorables y transparentes. Por otra parte, la embriología también acepta que la división del huevo humano se realiza en los embriones pigmentados, desfavorables para la observación, de igual manera que en los transparentes, pobres en pigmento, que elige para efectuar sus observaciones.

Pero los múltiples ejemplos hermosos que confirman prácticamente los conocimientos del analista por lo general se pierden, dado que su inclusión en un texto a menudo debe ser diferida por mucho tiempo. Por eso es bastante útil disponer de un vehículo que permita publicar y llevar al conocimiento general estas experiencias y ejemplos, sin aguardar a su elaboración desde puntos de vista más generales y superiores.

La sección aquí inaugurada tiene la finalidad de ofrecer un lugar para incluir este material. Convendrá ajustarse a la mayor parquedad; la agrupación y sucesión de los ejemplos son totalmente arbitrarias.

Pies avergonzados (calzado)

Después de varios días de resistencia, la paciente comunica que se había enojado mucho porque un joven al que regularmente encontraba cerca del domicilio del médico y que siempre la miraba con admiración, la última vez había echado una mirada despectiva a sus pies. En general no tiene ningún motivo para avergonzarse de éstos. La misma enferma trae la solución, después de confesar que había tomado al joven por el hijo del médico; es decir, en razón de su transferencia, por su hermano mayor. Sigue entonces el recuerdo de que a la edad de unos cinco años solía acompañar a su hermano al excusado, donde lo contemplaba al orinar. Presa de envidia por no poder hacerlo como él, cierto día intentó imitarlo (envidia fálica), pero se mojó los zapatos y se enojó mucho cuando su hermano le hizo burlas por ello. El enojo se repitió durante mucho tiempo, cada vez que el hermano, queriéndole recordar aquel infortunado accidente, le miraba despectivamente los zapatos. Agregó que esta experiencia había determinado su conducta ulterior en la escuela. Cuando algo no le salía bien al primer intento, jamás podía resolverse a probarlo de nuevo, de modo que fracasó completamente en muchas asignaturas. He aquí un buen ejemplo de la determinación del carácter por el prototipo de la sexualidad.

Autocrítica de los neuróticos

Siempre es notable y digno de particular atención cuando un neurótico suele insultarse a sí mismo, juzgarse despectivamente, etc. Frecuentemente se llega a comprenderlo, como en las autoacusaciones, aceptando una identificación con otras personas. En un caso, las circunstancias accesorias de la sesión analítica obligaron a explicar de otra manera esta conducta. Una joven que jamás se cansaba de asegurar que era poco inteligente, carente de talento, etc., sólo quería señalar con ello que era físicamente muy bella, y escondía esta jactancia tras aquella autocrítica. Por otra parte, también en este caso existía la alusión a las consecuencias perniciosas de la masturbación, alusión que se ha de sospechar en todos los ejemplos de esta índole.

Dramatización de las ideas

El soñante saca a una mujer de debajo de la cama *(zieht hervor)*, vale decir la prefiere a otras *(Vorzug)*. En otro sueño, el paciente, que es oficial, está sentado a la mesa frente al emperador *(gegenueber sitzen)*: se pone en oposición *(Gegensatz)* al emperador; es decir, al padre[1]. Ambas representaciones plásticas fueron traducidas por el mismo paciente.

Aparición de síntomas patológicos en el sueño

Los síntomas de la enfermedad (angustia, etc.) que aparecen en el sueño parecen querer decir, en general: «Por eso (por los elementos del sueño que antecede) he enfermado». Esta expresión onírica representa, pues, una continuación del análisis en el sueño.

La novela familiar del neurótico[*]

Cuando el individuo, a medida de su crecimiento, libérase de la autoridad de sus padres, incurre en una de las consecuencias más necesarias, aunque también una de las más dolorosas, que el curso de su desarrollo le acarrea. Es absolutamente inevitable que dicha liberación se lleve a cabo, al punto que debe haber sido cumplida en determinada medida por todo aquel que haya alcanzado un estado normal. Hasta el progreso mismo de la sociedad reposa esencialmente sobre esta oposición de las generaciones sucesivas. Por otra parte, existe cierta clase de neuróticos cuyo estado se halla evidentemente condicionado por el fracaso ante dicha tarea.

Para el niño pequeño los padres son, al principio, la única autoridad y la fuente de toda fe. El deseo más intenso y decisivo de esos años infantiles es el de llegar a

[*] 1909.

parecérseles –es decir, al progenitor del propio sexo–; el deseo de llegar a ser grande, como el padre y la madre. Pero a medida que progresa el desarrollo intelectual es inevitable que el niño descubra poco a poco las verdaderas categorías a las cuales sus padres pertenecen. Conoce a otros padres, los compara con los propios y llega así a dudar de las cualidades únicas e incomparables que les había adjudicado. Pequeñas experiencias de su vida infantil, que despiertan en él un sentimiento de disconformidad, lo incitan a emprender la crítica de los padres y a aprovechar, en apoyo de esa actitud contra ellos, la ya adquirida noción de que otros padres son, en muchos sentidos, preferibles a los suyos. La psicología de las neurosis nos ha enseñado que a este resultado coadyuvan, entre otros factores, los más intensos impulsos de rivalidad sexual. Las ocasiones que los motivan tienen por tema evidente el sentimiento de ser despreciado. Son frecuentísimas las oportunidades en las cuales el niño es menospreciado, o al menos *se siente* menospreciado, en las cuales siente que no recibe el pleno amor de sus padres o, principalmente, lamenta tener que compartirlo con hermanos y hermanas. La sensación de que su propio afecto no es plenamente retribuido se desahoga entonces en la idea, a menudo conscientemente recordada desde la más temprana infancia, de ser un hijastro o un hijo adoptivo. Numerosas personas que no han llegado a la neurosis recuerdan a menudo ocasiones de esta especie, en las cuales, influidos generalmente por alguna lectura, interpretaron así las actitudes hostiles de los padres y reaccionaron en consecuencia. Ya aquí se evidencia, empero, la influencia del sexo, pues el varón se inclina mucho más a desplegar impulsos hostiles contra el padre que contra la madre, y mucho más también a liberarse de aquél que de ésta. A este respecto, la actividad imaginativa de la niña tiende a ser mucho más atenuada. Estos impulsos psíquicos de la infancia, conscientemente recordados, nos ofrecen el factor que ha de permitirnos comprender el mito [del nacimiento del héroe].

Este incipiente extrañamiento de los padres, que puede designarse como *novela familiar de los neuróticos,* continúa con una nueva fase evolutiva que raramente subsiste en el recuerdo consciente, pero que casi siempre puede ser revelada por el psicoanálisis. En efecto, tanto la esencia misma de la neurosis como la de todo talento superior tienen por rasgo característico una actividad imaginativa de particular intensidad que, manifestada primero en los juegos infantiles, domina más tarde, hacia la época prepuberal, todo el tema de las relaciones familiares. Un ejemplo característico de este tipo particular de fantasías lo hallamos en el conocido *ensueño diurno*[1], que persiste mucho más allá de la pubertad. Examinando detenidamente estos sueños diurnos, compruébase que sirven a la realización de deseos y a la rectificación de las experiencias cotidianas, persiguiendo principalmente dos objetivos: el erótico y el ambicioso, aunque tras este último suele ocultarse también el fin erótico. Hacia la época mencionada, la imaginación del niño se dedica, pues, a la tarea de liberarse de los padres menospreciados y a reemplazarlos por otros, generalmente de categoría social más elevada. En esta relación el niño aprovechará cualquier coincidencia oportuna que le ofrezcan sus experiencias reales –como los encuentros con el señor feudal o el terrateniente, si vive en el campo, o con algún dignatario o aristócrata en la ciudad–, despertando dichas vivencias casuales la envidia del niño, que luego se expresa en la fantasía de sustituir al padre y a la madre por otros más encumbrados. La técnica aplicada para realizar tales fantasías –que en este período son, por supuesto, conscientes– depende de la habilidad y del material que el niño encuentre a su disposición. También es importante considerar si las fantasías son elaboradas con mayor o menor afán de verosimilitud. Esta fase se alcanza en una época en la cual el niño ignora todavía las condiciones sexuales de la procreación.

Poco después, cuando el niño llega a conocer las múltiples vinculaciones sexuales entre el padre y la madre, cuando comprende que *pater semper incertus est,* mientras que la madre es *certissima,* la novela familiar experimenta una restricción peculiar: se limita en adelante a exaltar al padre, pero ya no duda del origen materno, aceptándolo como algo inalterable. Esta segunda fase (sexual) de la novela familiar es sustentada asimismo por otra motivación que falta en la primera fase (asexual). Con el conocimiento de los procesos sexuales surge en el niño la tendencia a imaginarse situaciones y relaciones eróticas, tendencia que es impulsada por el deseo de colocar a la madre –objeto de la más intensa curiosidad sexual– en situaciones de secreta infidelidad y de relaciones amorosas ocultas. De tal modo, aquellas primeras fantasías, en cierto modo asexuales, se ponen a la altura de los nuevos conocimientos adquiridos.

Además, el tema de la venganza y de la ley del talión, que en la fase anterior ocupaba el primer plano, reaparece también aquí. Por regla general, estos niños neuróticos son precisamente aquellos que fueron castigados por sus padres para corregir sus hábitos sexuales, y que ahora se vengan de ellos mediante tales fantasías.

Los hermanos menores son los que más particularmente tienden a utilizar estas creaciones imaginativas para privar a los hermanos mayores de sus prerrogativas (igual que sucede en las intrigas históricas), y a menudo no vacilan en adjudicar a la madre tantas relaciones amorosas ficticias como competidores fraternos encuentran. Puede darse entonces una interesante versión de esta novela familiar, en la cual su protagonista y autor vuelve a reclamar la legitimidad para sí mismo, mientras que elimina a los hermanos y hermanas, proclamándolos ilegítimos. Otros intereses particulares pueden orientar asimismo la novela familiar, cuyas múltiples facetas y cuya vasta aplicabilidad la tornan accesible a toda clase de tendencias. Así, por ejemplo, el pequeño fantaseador puede eliminar la prohibitiva relación de parentesco con una hermana a la cual se siente sexualmente atraído.

Quien se sienta inclinado a apartarse con horror de esta depravación del alma infantil, y aun esté tentado de negar que tales cosas sean posibles, habrá de tener en cuenta que todas estas obras de ficción, aparentemente tan plenas de hostilidad, no son en realidad tan malévolas, y hasta conservan, bajo tenue disfraz, todo el primitivo afecto del niño por sus padres. La infidelidad y la ingratitud son sólo aparentes, pues si se examina en detalle la más común de estas fantasías novelescas, es decir, la sustitución de ambos padres, o sólo del padre, por personajes más encumbrados, se advertirá que todos estos nuevos padres aristocráticos están provistos de atributos derivados exclusivamente de recuerdos reales de los verdaderos y humildes padres, de modo que en realidad el niño no elimina al padre, sino que lo exalta. Más aún: todo ese esfuerzo por reemplazar al padre real con uno superior es sólo la expresión de la añoranza que el niño siente por aquel feliz tiempo pasado, cuando su padre le parecía el más noble y fuerte de los hombres, y su madre, la más amorosa y bella mujer. Del padre que ahora conoce se aparta hacia aquel en quien creyó durante los primeros años de la infancia; su fantasía no es, en el fondo, sino la expresión de su pesar por haber perdido esos días tan felices. Así, en estas fantasías vuelve a recuperar su plena vigencia la sobrevaloración que caracteriza los primeros años de la infancia. El estudio de los sueños ofrece una interesante contribución a dicho tema, pues su interpretación enseña que, incluso en años avanzados, cuando en un sueño aparecen las figuras encumbradas del emperador y de la emperatriz, ellas representan siempre al padre y a la madre del soñante[2]. De donde la sobrevaloración infantil de los padres subsiste asimismo en los sueños de los adultos normales.

Contribuciones al simposio sobre la masturbación[*]

Introducción

Las discusiones conducidas a la Asociación Psicoanalítica Vienesa nunca tienen por objeto abolir discrepancias o alcanzar decisiones. Amalgamados por idéntica concepción fundamental de los mismos hechos, los distintos oradores que en ellas intervienen pueden permitirse la más tajante expresión de sus versiones individuales, sin tomar en cuenta la probabilidad de convertir a sus opiniones a los oyentes que discrepan de ellas. Es posible que en tal intercambio se produzca un desencuentro de las ideas y de las palabras; su efecto final consiste, empero, en que cada uno recibe, y puede a su vez transmitir, la más clara impresión de las opiniones discrepantes.

[*] 1912.

El simposio sobre la masturbación –del cual sólo se publican aquí algunos fragmentos– se extendió durante varios meses, consistiendo en la presentación de una ponencia por cada orador, a la cual se agregó en cada caso un exhaustivo debate. Únicamente las ponencias han sido incorporadas a esta publicación, no así las discusiones, tan pletóricas de nuevas ideas, en cuyo curso se expresaron y dirimieron las oposiciones planteadas. De otro modo, este pequeño volumen habría alcanzado una extensión que hubiese dificultado sin duda su difusión y su influencia.

No considero necesario justificar la elección del tema en una época como ésta, en la cual se realiza por fin el intento de someter también los problemas de la vida sexual humana a la investigación científica. Las repeticiones de determinadas ideas y afirmaciones fueron inevitables, ya que las mismas corresponden a concordancias del pensamiento. Por otra parte, la dirección de este simposio no podía tratar de conciliar las numerosas discrepancias entre las concepciones de los ponentes ni tender a ocultarlas. Esperamos que ni las repeticiones ni las contradicciones afectarán al interés de los lectores.

En esta oportunidad nos animó el propósito de averiguar a qué caminos ha sido impulsado el estudio de los problemas de la masturbación por la aparición de los métodos y los procedimientos psicoanalíticos. El aplauso de los lectores, y quizá aún más claramente su censura, demostrarán hasta dónde hemos llegado a cumplir dicho propósito.

Viena, en el verano de 1912.

Conclusión

Los miembros más antiguos de nuestro círculo recordarán sin duda que hace ya varios años emprendimos el intento de llevar a cabo una discusión colectiva como ésta sobre el tema de la masturbación: un *Symposium,* como lo llaman nuestros colegas norteamericanos. En esa oportunidad planteáronse discrepancias tan profundas entre las opiniones expuestas, que no pudimos resolvernos a publicar las minutas de la misma. Desde entonces nos hemos mantenido –tanto aquellas personas como las que se les agregaron más recientemente– en permanente contacto con los hechos de la experiencia, y mediante un continuo intercambio de ideas hemos logrado aclarar nuestras opiniones y fundarlas sobre una base común, a punto tal que la empresa abandonada entonces ya no nos parece hoy insuperable.

Tengo realmente la impresión de que nuestras concordancias con respecto al tema de la masturbación son ahora más sólidas y más profundas que nuestras discrepancias, cuya existencia no cabe, empero, negar. Numerosas contradicciones aparentes obedecen sólo a la multiplicidad de los puntos de vista expuestos, tratándose en el fondo de opiniones fácilmente conciliables entre sí.

Permítaseme exponer ahora un resumen de aquellos puntos respecto de los cuales estamos de acuerdo y de aquellos otros en los que discrepamos.

Existe, sin duda, un *acuerdo* en lo siguiente:

a) sobre la importancia de las fantasías que acompañan o reemplazan el acto masturbatorio;

b) sobre la importancia del sentimiento de culpabilidad vinculado a la masturbación, cualquiera que sea su procedencia;

c) sobre la imposibilidad de indicar una condición cualitativa para la nocividad de la masturbación (al respecto la unanimidad no es general).

Se han planteado *discrepancias de opinión no conciliadas:*

a) respecto a la negación del factor somático en el efecto que ejerce la masturbación;

b) respecto al rechazo, en principio, de toda consecuencia perjudicial de la masturbación;

c) respecto a la procedencia del sentimiento de culpabilidad, que algunos quieren derivar directamente de la insatisfacción, mientras que otros hacen intervenir factores sociales, o la actitud respectiva de la personalidad;

d) respecto al carácter ubicuo de la masturbación infantil.

Finalmente, subsisten considerables *incertidumbres:*

a) sobre el mecanismo de la acción nociva de la masturbación, para el caso de que ésta deba ser aceptada;

b) sobre las relaciones etiológicas entre la masturbación y las neurosis actuales.

El planteamiento de la mayoría de los puntos respecto de los cuales estamos en desacuerdo se lo debemos a la crítica de nuestro colega W. Stekel, fundada en una amplia y profunda experiencia personal. Es evidente que hemos dejado mucho por comprobar y por aclarar a una futura generación de observadores e investigadores, pero podemos consolarnos con la reflexión de que hemos trabajado honestamente y con vastas miras, allanando así caminos que habrán de ser recorridos por la investigación futura.

De mis propias contribuciones a los problemas que nos ocupan no cabe esperar demasiado. Todos ustedes conocen mi predilección por el estudio fragmentario de un tema, favoreciendo la insistencia respecto de aquellos puntos que considero más sólidamente establecidos. Nada nuevo tengo que aportar, ninguna solución; sólo repeticiones de algunas cosas ya afirmadas anteriormente, algunas defensas de esas viejas afirmaciones contra ataques emanados de vuestro medio, y por fin, unas pocas observaciones que se imponen por fuerza a todo oyente de los trabajos aquí expuestos.

Como se sabe, he diferenciado la masturbación, de acuerdo con la edad en que se produce, de la siguiente manera: 1) la masturbación del lactante, que comprende todas las maniobras autoeróticas al servicio de la satisfacción sexual; 2) la masturbación infantil, que surge directamente de aquélla y que ya se encuentra fijada a determinadas zonas erógenas; 3) la masturbación puberal, que sigue inmediatamente a la infantil, o se halla separada de ésta por el período de latencia. En algunas de las exposiciones que aquí he escuchado no se destaca suficientemente esta diferenciación cronológica. La pretendida unidad de la masturbación sugerida por la terminología médica ha inducido algunas afirmaciones de carácter general, cuando habría sido más acertado ajustarse a dicha diferenciación de acuerdo con los tres períodos de la vida arriba citados. Lamento asimismo que no hayamos podido considerar la masturbación de la mujer en la misma medida que la del hombre, y opino que aquélla bien merece un estudio especial, pues precisamente la masturbación femenina traduce con particular claridad las modificaciones condicionadas por la edad.

Abordo ahora las objeciones que Reitler formuló contra mi argumento teleológico en favor del carácter ubicuo de la masturbación en el lactante. Confieso que me veo obligado a renunciar a este argumento. Si mi «teoría sexual» está destinada a tener todavía una edición más [1], ya no contendrá la afirmación aquí objetada. Renunciaré a la pretensión de indagar los designios de la Naturaleza y me limitaré a describir los hechos reales.

Considero asimismo pleno de sentido y de importancia el comentario de Reitler acerca de que ciertos elementos característicos del aparato genital humano parecerían tener la finalidad de impedir el contacto sexual en la infancia. De aquí arrancan, empero, mis reservas. La oclusión de la cavidad genital femenina y la inexistencia del hueso peneano que asegura la erección son características anatómicas dirigidas únicamente contra el coito y no contra las excitaciones sexuales en general. A mi juicio, Reitler concibe de manera demasiado antropomórfica el finalismo de la Naturaleza, como si en ella, igual que en las obras humanas, se tratara de la consecuente realización de un único propósito. Hasta donde llegamos a comprenderlos, en los procesos de la Naturaleza lo general es que toda una serie de tendencias finales transcurran paralelamente, sin abolirse las unas a las otras. Ya que pretendemos hablar de la Naturaleza en términos humanos, debemos decir que se nos presenta como algo que en el hombre calificaríamos de «inconsecuente». Creo, a mi vez, que Reitler debería dejar de insistir tanto en sus propios argumentos teleológicos. La aplicación de la teleología como hipótesis heurística está expuesta a reservas; frente a cada caso particular, nunca se sabe si se trata de una «armonía» o de una «disarmonía». Sucede lo mismo cuando queremos hincar un clavo en la pared: nunca sabemos si daremos con el ladrillo o con la juntura.

Respecto a la cuestión de las relaciones de la masturbación y las poluciones con la etiología de la denominada neurastenia, me encuentro, como muchos de ustedes, en oposición a Stekel, sustentando aún contra éste mis anteriores opiniones, con una limitación que señalaré más adelante. No veo motivo alguno que pudiera inducirnos a abandonar la diferenciación de las neurosis actuales frente a las psiconeurosis, y sólo puedo calificar de tóxica la génesis de los síntomas en las primeras. A mi juicio, el colega Stekel en este caso realmente amplía demasiado la psicogénesis. Sigo concibiendo este asunto tal como lo comprendí hace ahora más de quince años: las dos neurosis actuales –la neurastenia y la neurosis de angustia (quizá haya que agregarle la hipocondría propiamente dicha como tercera neurosis actual)– constituyen la facilitación somática de las psiconeurosis, suministran el material excitativo que luego será seleccionado y revestido psíquicamente, de modo que, en términos generales, el núcleo del síntoma psiconeurótico –el grano de arena en el centro de la perla– está formado por una manifestación sexual somática. Todo esto es, sin duda, más evidente en la neurosis de angustia y en su relación con la histeria que en la neurastenia, sobre la cual no se han emprendido todavía minuciosas investigaciones psicoanalíticas. Como todos hemos podido comprobarlo a menudo, en las neurosis de angustia se trata, en el fondo, de una partícula de la excitación del coito no derivada, que se manifiesta como síntoma ansioso o que establece el núcleo de una formación sintomática histérica.

El colega Stekel comparte con numerosos autores ajenos al psicoanálisis la tendencia de rechazar las diferenciaciones morfológicas que hemos establecido en el abigarrado conjunto de las neurosis, aplicándoles a todas un común denominador, como, por ejemplo, el de la psicastenia. A menudo hemos contradicho su opinión al respecto, y seguimos sustentando la esperanza de que las diferencias clínico-morfológicas habrán de demostrar aún su importancia como manifestaciones todavía incomprendidas de procesos esencialmente dispares. Si, con toda justicia, nos argumenta Stekel que en los denominados neurasténicos se ha encontrado siempre con los mismos complejos y conflictos que en los demás neuróticos, podemos responderle que este argumento no toca, evidentemente, la cuestión disputada. Hace tiempo sabemos que los mismos complejos y conflictos pueden encontrarse también en todos los seres sanos y normales. Más aún: nos hemos habituado a reconocer en todo individuo cultural cierta medida de represión de impulsos perversos, de erotismo anal, homosexualidad, etcétera, así como una porción de complejos paternos, maternos y de otra índole, tal como en los análisis químicos elementales de un cuerpo orgánico podemos estar seguros de demostrar la presencia de los elementos carbono, oxígeno, hidrógeno, nitrógeno y algo de azufre. Lo que diferencia a los compuestos orgánicos entre sí es la proporción en que estos elementos se combinan y la estructura de las combinaciones que integran. Así, en los seres normales y en los neuróticos no se trata de la existencia de estos complejos y conflictos, sino de si han llegado a ser patógenos, y en caso afirmativo, de los mecanismos que para ello han puesto en juego.

Lo esencial de mis teorías sobre las neurosis actuales, que establecí en aquella oportunidad y que hoy sigo defendiendo, radica en la afirmación, basada en la experiencia, de que sus síntomas no pueden ser analíticamente descompuestos, como los psiconeuróticos. En otros términos, que el costipado, la cefalea, la fatiga de los denominados neurasténicos no permiten la reducción histórica o simbólica o vivencias efectivas, no pueden ser concebidas como satisfacciones sexuales sucedáneas, como transacciones entre impulsos instintivos opuestos; en suma, que no pueden ser interpretadas como los síntomas psiconeuróticos, por más que éstos se manifiesten en forma similar a aquéllos. No creo que esta regla llegue a ser refutada por medio del psicoanálisis. En cambio, concedo hoy –lo que entonces no podía creer– que un tratamiento analítico llegue a tener también indirectamente influencia terapéutica sobre los síntomas actuales, ya sea porque conduzca a una mejor tolerancia de su nocividad actual, o porque coloque al individuo enfermo en la situación de sustraerse a esta nocividad actual, modificando su régimen sexual. He aquí, evidentemente, prometedoras perspectivas para nuestros afanes terapéuticos.

Sin embargo, si a la postre se me demostrara mi error en la cuestión teórica de las neurosis actuales, sabré consolarme con el progreso de nuestros conocimientos, que siempre debe desvalorizar el punto de vista del individuo. Se preguntarán ustedes por qué, si me anima tan loable reconocimiento de los inevitables límites de la propia infalibilidad, no me decido por transigir enseguida con las nuevas opiniones y prefiero repetir el tan conocido espectáculo del viejo que se aferra tenazmente a sus opiniones consagradas. Mi respuesta es que todavía no reconozco las pruebas objetivas a las cuales habría de ceder. En años anteriores mis opiniones experimentaron múltiples cambios que nunca vacilé en dar a publicidad. A raíz de muchos de estos cambios de opinión se me han hecho reproches que hoy se repetirán sin duda contra mi terquedad. No es que estos o aquellos reproches me intimiden, pero sé que tengo que cumplir un destino. No puedo rehuirlo ni necesito ir a su encuentro. He de mantenerme en su espera, y entretanto sostendré frente a nuestra ciencia la misma actitud que he aprendido desde tiempo atrás.

Sólo a disgusto tomo posición frente al problema, tan extensamente tratado por ustedes, de los prejuicios que ocasionaría la masturbación, pues no es éste un planteamiento correcto de los problemas que nos ocupan. Es evidente, empero, que todos debemos opinar al respecto, pues al público no parece interesarle otra cosa en la cuestión del onanismo. Como ustedes recordarán, en una de nuestras primeras sesiones de discusión sobre este tema tuvimos entre nosotros como huésped a un distinguido pediatra de esta ciudad. ¿Qué pretendía saber de nosotros el colega en sus reiteradas preguntas? Tan sólo en qué medida la masturbación sería dañina y por qué perjudicaría a unos y no a otros. Así, pues, nos vemos obligados a inquirir de nuestra ciencia una respuesta a dichas cuestiones prácticas.

Confieso que al respecto tampoco me es posible compartir el punto de vista de Stekel, a pesar de las muchas observaciones audaces y correctas que nos ha expuesto sobre el problema. Para él, la perniciosidad de la masturbación sería en realidad un prejuicio absurdo, que sólo nuestra propia estrechez mental nos impediría recusar por completo. Creo, sin embargo, que si enfrentamos el problema *sine ira et studio*[2] –en la medida en que ello nos es posible–, debemos expresar más bien que tal opinión contradice nuestras concepciones fundamentales sobre la etiología de las neurosis. La masturbación corresponde esencialmente a la actividad sexual infantil y luego a su perpetuación en años de mayor madurez. Derivamos las neurosis de un conflicto entre las tendencias sexuales del individuo y sus demás tendencias (yoicas). Podría aducirse aquí la opinión de que el factor patógeno de esta relación etiológica radicaría únicamente en la reacción del *yo* contra su sexualidad, pero con ello únicamente se afirmaría que cualquier persona podría quedar libre de neurosis con el simple recurso de satisfacer ilimitadamente sus tendencias sexuales. Sin embargo, sería evidentemente arbitrario y también inconveniente adoptar tal decisión sin conceder también a las propias tendencias sexuales su intervención en la patogenia. Si se admite, empero, que los impulsos sexuales pueden tener acción patógena, no es posible negarle tal carácter a la masturbación, que consiste sólo en la ejecución de tales impulsos instintivos sexuales. Es evidente que en todos los casos que parecen demostrar el carácter patógeno de la masturbación tal efecto podrá ser reducido más bien a los instintos que en ella se manifiestan y a las resistencias dirigidas contra estos instintos. La masturbación, en efecto, no es un término último, ni somática ni psicológicamente; no es un verdadero factor actuante, sino sólo la denominación de ciertas actividades; pero, a pesar de toda reducción conceptual, el juicio acerca de la etiología se aferra con justicia a dicha actividad. Tampoco debe olvidarse que no es posible equiparar la masturbación a la actividad sexual en general, pues sólo representa tal actividad con ciertas condiciones limitantes. Por tanto, sigue siendo posible que precisamente estas particularidades de la actividad masturbatoria sean las portadoras de su acción patógena.

Así, una vez más, nos vemos apartados de la argumentación y orientados nuevamente a la observación clínica, y ésta nos conmina a no borrar el tema «consecuencias perjudiciales de la masturbación». En todo caso, entre las neurosis nos hallamos con ejemplos en los cuales la masturbación ha sido perjudicial.

Este *daño* parece imponerse por tres caminos distintos:

a) Como un daño orgánico, ejercido a través de un mecanismo desconocido, debiendo tenerse en cuenta al respecto los criterios, tan a menudo mencionados aquí, de la frecuencia desmesurada y de la insuficiente satisfacción obtenida.

b) Por el *establecimiento de un prototipo psíquico,* al no existir la necesidad de modificar el mundo exterior para satisfacer una profunda necesidad. No obstante, en los casos en que se desarrolla una amplia reacción contra este prototipo, queda abierto el camino al florecimiento de las más valiosas cualidades del carácter.

c) Por la posibilidad de la *fijación de fines sexuales* infantiles y de la permanencia en el infantilismo psíquico. Con ello está dada la predisposición a la neurosis. Como psicoanalistas, debemos conceder máximo interés a esta consecuencia de la masturbación, siendo de advertir que aquí nos referimos, naturalmente, sólo a la masturbación puberal y a la que se mantiene después de este período. Recordemos siempre qué importancia asume la masturbación como ejecutora de la fantasía, de ese reino intermedio que se ha intercalado entre la vida ajustada al principio del placer y la gobernada por el principio de la realidad; recordemos cómo la masturbación permite realizar, en la fantasía, desarrollos y sublimaciones sexuales que no representan progresos, sino sólo nocivas formaciones transaccionales. Es cierto que, según la importante argumentación de Stekel, la misma transacción puede neutralizar graves tendencias a la perversión y evita las consecuencias más funestas de la abstinencia.

Mi propia experiencia médica me impide excluir el debilitamiento permanente de la potencia entre las consecuencias de la masturbación, aunque doy la razón a Stekel con respecto a la posibilidad de demostrar en gran número de casos su carácter meramente aparente. Esta consecuencia de la masturbación, empero, es la que no cabe incluir sin más ni más entre sus daños. En efecto, cierta atenuación de la potencia masculina y de la iniciativa brutal a ella vinculada es bastante valiosa desde el punto de vista cultural, pues facilita al individuo que vive en la cultura el cumplimiento de las virtudes de moderación y de constancia sexual que se le exigen. Por lo general, se comprueba que la virtud con plena potencia es una tarea ardua y difícil. Si esta afirmación mía pareciese cínica, admítase que no he querido que fuera expresión de un cinismo. Sólo pretendo que sea un fragmento de seca descripción, sin importarme que despierte beneplácito o indignación. Sucede, simplemente, que la masturbación, como tantas otras cosas, tiene *les défauts de ses vertus,* y recíprocamente, *les vertus de ses défauts*[3]. Siempre que se desmenuce un complicado fenómeno fáctico, y discerniendo con interés práctico unilateral su nocividad de su utilidad, habrá que atenerse a comprobaciones tan ingratas como ésta.

Creo, por otra parte, que conviene discernir las consecuencias perjudiciales de la masturbación que cabe calificar de *directas,* de las que surgen *indirectamente* de la resistencia y de la rebeldía del *yo* contra esa actividad sexual. No he aludido aquí a estas últimas repercusiones.

Agregaré algunas palabras inevitables con respecto a la segunda de las ingratas preguntas planteadas. Suponiendo que la masturbación pueda ser perjudicial, ¿en qué condiciones y en cuáles individuos demuestra ser nociva?

De acuerdo con la mayoría de ustedes, prefiero declinar una respuesta general a esta cuestión. En buena parte, ella coincide con el problema más amplio de cuándo la actividad sexual en general puede tornarse patógena para un individuo. Si deducimos esta coincidencia, quédanos la cuestión de detalle vinculada a las características particulares de la masturbación, en la medida en que ésta representa una forma particular de satisfacción sexual. Cabría repetir aquí cosas ya conocidas y expuestas en otro texto, como la influencia del factor cuantitativo y de la acción sinérgica de múltiples factores patógenos, pero, ante todo, deberíamos conceder un amplio margen a las denominadas disposiciones constitucionales del individuo. Confesémonos, sin embargo, cuán ingrato resulta operar con éstas. La disposición individual suele ser deducida *ex post*[4]; sólo posteriormente, una vez que el sujeto ya ha enfermado, le adjudicamos tal o cual disposición. No tenemos ningún recurso para adivinarla anteriormente. Nos conducimos al respecto como aquel rey escocés de una novela de Victor Hugo que se vanagloriaba de poseer un recurso infalible para reconocer la brujería. Hacía cocer a la inculpada en agua hirviendo y luego probaba el caldo. De acuerdo con el sabor, juzgaba: «Sí, ésta era una bruja»; o bien: «No, ésta no era».

Podía señalarles todavía un tema que ha sido demasiado poco tratado en nuestras discusiones: el de la denominada masturbación inconsciente. Me refiero a la masturbación durante el dormir, en estados anormales, en el curso de ataques. Se recordará seguramente cuántos ataques histéricos reproducen el acto masturbatorio en forma oculta o disfrazada después que el individuo ha renunciado a este tipo de satisfacción, y cuántos síntomas de las neurosis obsesivas tienden a sustituir y a repetir esta forma de actividad sexual prohibida otrora. Se puede hablar asimismo de un retorno terapéutico de la masturbación. Muchos habrán experimentado como yo el gran progreso que significa cuando el paciente, en el curso del tratamiento, vuelve a permitirse la masturbación, aunque sin tener el propósito de permanecer detenido en esta fase infantil. También cabe señalar aquí que precisamente un gran número de los más graves neuróticos no recuerdan haber tenido en las épocas históricas de su memoria contacto alguno con la masturbación, mientras que el psicoanálisis permite demostrar que dicha actividad sexual les fue familiar en los olvidados años de su temprana infancia.

Creo, sin embargo, que conviene interrumpir aquí mis disquisiciones, pues todos estamos de acuerdo en que el tema de la masturbación es poco menos que inagotable.

Algunas consecuencias psíquicas de la diferencia sexual anatómica*

En mis propios escritos y en los de mis discípulos destácase cada vez más la necesidad de impulsar los análisis de los neuróticos hasta penetrar en el más remoto período de su infancia, en la época del primer florecimiento de la vida sexual. Únicamente la exploración de las primeras manifestaciones de la constitución instintual innata en el individuo, así como de los efectos que despiertan sus primeras vivencias, permite apreciar correctamente los dinamismos que han motivado su neurosis ulterior, salvaguardándonos al mismo tiempo contra los errores en que podrían inducirnos los remodelamientos y las superposiciones de la madurez. La importancia de esta condición no es sólo teórica, sino también práctica, pues distingue nuestros esfuerzos de la labor de aquellos médicos que, guiados por una orientación exclusivamente

* 1925.

terapéutica, aplican también los métodos analíticos, pero sólo hasta cierto punto. Tal análisis de la más temprana edad es arduo y laborioso, planteando demandas, tanto al médico como al paciente, cuyo cumplimiento no es siempre facilitado por la práctica. Además nos conduce hacia regiones tenebrosas en las que carecemos todavía de jalones señaladores, al punto que, según creo, los analistas pueden contar con la certeza de que, por lo menos durante las próximas décadas, su labor científica no correrá peligro de mecanizarse ni de perder así parte de su interés.

Me propongo exponer en las páginas siguientes ciertos resultados de la investigación psicoanalítica que tendrían suma importancia si se pudiese demostrar su vigencia general. Siendo así, ¿por qué no pospongo su publicación hasta que una experiencia más copiosa me haya suministrado esa prueba necesaria, si es que ella es alcanzable? Simplemente, porque las condiciones en las cuales se desenvuelve mi labor han experimentado una modificación cuyas implicaciones no puedo seguir ocultando. Tiempo atrás, yo no era de aquellos que se sienten incapaces de retener para sí un supuesto descubrimiento hasta haber llegado a confirmarlo o a corregirlo. Así, mi *Interpretación de los sueños* (1900)[1] y mi *Análisis fragmentario de una histeria* (el caso de Dora) (1905) fueron mantenidos por mí en secreto, si bien no durante los nueve años aconsejados por Horacio, por lo menos durante cuatro o cinco, hasta que por fin los entregué al público. En aquellos días, empero, el tiempo se extendía sin límites ante mí –*oceans of time,* como ha dicho un amable poeta–, y el material de observación acudía a mí con riqueza tal, que me era difícil rehuir el impacto de las nuevas experiencias. Además, yo era entonces el único laborador en un terreno virgen, de modo que mi reticencia no significaba ningún riesgo para mí ni perjuicio alguno para los demás.

Todo eso ha cambiado ahora. El tiempo que me queda es limitado y ya no se halla totalmente ocupado por el trabajo, de modo que las oportunidades de efectuar nuevas observaciones no son ya tan numerosas. Cuando creo advertir algo nuevo no tengo la certeza de poder aguardar su confirmación. Por otra parte, cuanto flotaba en la superficie ya ha sido decantado, y lo que resta ha de ser laboriosamente recogido buceando en las profundidades. Por fin, ya no estoy solo: una pléyade de afanosos colaboradores está dispuesta a aprovechar aun lo inconcluso y lo dudoso, de modo que bien puedo cederles una parte de la labor que en otras circunstancias habría concluido yo mismo. Así, me siento justificado en esta ocasión al comunicar algo que requiere urgente verificación, antes de que sea posible decidir respecto de su valor o su insignificancia.

Cuando estudiamos las primeras conformaciones psíquicas que la vida sexual adopta en el niño, siempre hemos tomado al del sexo masculino, al pequeño varón, como objeto de nuestras investigaciones. Suponíamos que en la niña las cosas debían ser análogas, aunque admitíamos que de una u otra manera debían ser también un tanto distintas. No alcanzábamos a establecer en qué punto del desarrollo radicaría dicha diferencia.

La situación del complejo de Edipo es en el varón la primera etapa que se puede reconocer con seguridad. Es fácil comprenderla, porque el niño retiene en dicha fase el mismo objeto que ya catectizó con su libido aún pregenital en el curso del período precedente de la lactancia y la crianza. También el hecho de que en dicha situación perciba al padre como un molesto rival a quien quisiera eliminar y sustituir es una consecuencia directa de las circunstancias reales. En otra ocasión[2] ya he señalado que la actitud edípica del varón forma parte de la fase fálica y sucumbe ante la angustia de castración, es decir, ante el interés narcisístico por los propios genitales. La comprensión de estas condiciones es dificultada por la complicación de que, aun en el niño varón, el complejo de Edipo está dispuesto en doble sentido, activo y pasivo, de acuerdo con la disposición bisexual: el varón quiere sustituir también *a la madre* como objeto amoroso del padre, hecho que calificamos de *actitud femenina*.

En cuanto a la prehistoria del complejo de Edipo en el varón, estamos todavía muy lejos de haber alcanzado una total claridad. Sabemos que dicho período incluye una identificación de índole cariñosa con el padre, identificación que aún se halla libre de todo matiz de rivalidad con respecto a la madre. Otro elemento de esa fase prehistórica es –según creo, invariablemente– la estimulación masturbatoria de los genitales, o sea, la masturbación de la primera infancia, cuya supresión más o menos violenta por parte de las personas que intervienen en la crianza pone en actividad el complejo de castración. Suponemos que dicha masturbación está vinculada con el complejo de Edipo y que equivale a la descarga de sus excitaciones sexuales. No es seguro, sin embargo, si la masturbación tiene tal carácter desde un comienzo o si, por el contrario, aparece por primera vez espontáneamente, como activación de un órgano corporal, conectándose sólo ulteriormente con el complejo de Edipo; esta última posibilidad es, con mucho, la más probable. Otra cuestión dudosa es el papel desempeñado por la enuresis y por la supresión de ese hábito mediante intervenciones educativas. Nos inclinamos a adoptar la simple formulación sintética de que la enuresis persistente sería una consecuencia de la masturbación y de que su supresión sería considerada por el niño como una inhibición de su actividad genital, es decir, que tendría el significado de una amenaza de castración; pero queda todavía por demostrar si estamos siempre acertados con estas presunciones. Finalmente, el análisis nos ha permitido reconocer, de una manera más o menos vaga e incierta, cómo los atisbos del coito paterno establecen en muy precoz edad la primera excitación sexual, y cómo, merced a sus efectos ulteriores, pueden convertirse en punto de partida de todo el desarrollo sexual del niño. La masturbación, así como las dos actitudes del complejo de Edipo, se vincularán posteriormente a esa precoz experiencia, que en el ínterin habrá sido interpretada por el niño. Sin embargo, es imposible admitir que tales observaciones del coito se produzcan invariablemente, de modo que nos topamos aquí con el problema de las «protofantasías». Así, aun la prehistoria del complejo de Edipo en el varón plantea todas estas cuestiones inexplicadas, que todavía aguardan su examen y que están subordinadas a la decisión de si cabe admitir siempre un mismo proceso invariable, o si no se trata más bien de una gran variedad de distintas fases previas que convergerían en una misma situación terminal.

El complejo de Edipo de la niña implica un problema más que el del varón. En ambos casos la madre fue el objeto original, y no ha de extrañarnos que el varón la retenga para su complejo de Edipo. En cambio, ¿cómo llega la niña a abandonarla y a adoptar en su lugar al padre como objeto? Al perseguir este problema he podido efectuar algunas comprobaciones susceptibles de aclarar precisamente la prehistoria de la relación edípica en la niña.

Todo analista se habrá encontrado alguna vez con ciertas mujeres que se aferran con particular intensidad y tenacidad a su vinculación paterna y al deseo de tener un hijo con el padre, en el cual aquélla culmina. Tenemos buenos motivos para aceptar que esa fantasía desiderativa fue también la fuerza impulsora de la masturbación infantil, siendo fácil formarse la impresión de que nos hallamos aquí ante un hecho elemental e irreducible de la vida sexual infantil. Sin embargo, precisamente el análisis minucioso de estos casos revela algo muy distinto, demostrando que el complejo de Edipo tiene aquí una larga prehistoria y es en cierta manera una formación secundaria.

De acuerdo con una formulación del viejo pediatra Lindner[3], el niño descubre la zona genital –el pene o el clítoris– como fuente de placer en el curso de su succión sensual (chupeteo). Dejo planteada la cuestión de si el niño toma realmente esta fuente de placer recién descubierta en reemplazo del pezón materno que acaba de perder, posibilidad que parecería ser señalada por fantasías ulteriores. Como quiera que sea, en algún momento llega a descubrirse la zona genital, y parece muy injustificado atribuir a sus primeras estimulaciones contenido psíquico alguno. Pero el primer paso en la fase fálica así iniciada no consiste en la vinculación de esta masturbación con las catexias objetales del complejo de Edipo, sino en cierto descubrimiento preñado de consecuencias que toda niña está destinada a hacer. En efecto, advierte el pene de un hermano o de un compañero de juegos, llamativamente visible y de grandes proporciones; lo reconoce al punto como símil superior de su propio órgano pequeño e inconspicuo, y desde ese momento cae víctima de la envidia fálica.

He aquí un interesante contraste en la conducta de ambos sexos: cuando el varón, en análoga situación, descubre por primera vez la región genital de la niña, comienza por mostrarse indeciso y poco interesado; no ve nada o repudia su percepción, la atenúa o busca excusas para hacerla concordar con lo que esperaba ver. Sólo más tarde, cuando una amenaza de castración ha llegado a influir sobre él, dicha observación se le torna importante y significativa: su recuerdo o su repetición le despierta entonces una terrible convulsión emocional y le impone la creencia en la realidad de una amenaza que hasta ese momento había considerado risible. De tal coincidencia de circunstancias surgirán dos reacciones que pueden llegar a fijarse y que en tal caso, ya separadamente, cada una de por sí, ya ambas combinadas, ya en conjunto con otros factores, determinarán permanentemente sus relaciones con la mujer: el horror ante esa criatura mutilada, o bien el triunfante desprecio de la misma. Todos estos desarrollos, sin embargo, pertenecen al futuro, aunque no a un futuro muy remoto.

Distinta es la reacción de la pequeña niña. Al instante adopta su juicio y hace su decisión. Lo ha visto, sabe que no lo tiene y quiere tenerlo[4].

A partir de este punto arranca el denominado complejo de masculinidad de la mujer, que puede llegar a dificultar considerablemente su desarrollo regular hacia la feminidad si no logra superarlo precozmente. La esperanza de que, a pesar de todo, obtendrá alguna vez un pene y será entonces igual al hombre es susceptible de persistir hasta una edad insospechadamente madura y puede convertirse en motivo de la conducta más extraña e inexplicable de otro modo. O bien puede ponerse en juego cierto proceso que quisiera designar como *repudiación* [renegación], un proceso que no parece ser raro ni muy peligroso en la infancia, pero que en el adulto significaría el comienzo de una psicosis. Así, la niña rehúsa aceptar el hecho de su castración, empecinándose en la convicción de que *sí* posee un pene, de modo que, en su consecuencia, se ve obligada a conducirse como si fuese un hombre.

Las consecuencias psíquicas de la envidia fálica, en la medida en que ésta no llegue a ser absorbida por la formación reactiva del complejo de masculinidad, son muy diversas y trascendentes. Una vez que la mujer ha aceptado su herida narcisística, desarróllase en ella –en cierto modo como una cicatriz– un sentimiento de inferioridad. Después de haber superado su primer intento de explicar su falta de pene como un castigo personal, comprendiendo que se trata de una característica sexual universal, comienza a compartir el desprecio del hombre por un sexo que es defectuoso en un punto tan decisivo, e insiste en su equiparación con el hombre, por lo menos en lo que se refiere a la defensa de tal opinión[5].

Aun después que la envidia fálica ha abandonado su verdadero objeto, no deja por ello de existir: merced a un leve desplazamiento, persiste en el rasgo característico de los *celos*. Por cierto que los celos no son privativos de uno de los sexos ni se fundan sólo en esta única base; pero creo, sin embargo, que desempeñan en la vida psíquica de la mujer un papel mucho más considerable, precisamente por recibir un enorme reforzamiento desde la fuente de la envidia fálica desviada. Todavía antes de que llegase a percatarme de este origen de los celos, al ocuparme de la fantasía marturbatoria «pegan a un niño», tan común en las niñas, inferí una primera fase de esa fantasía en la cual tendría el significado de que se habría de pegar a otro niño que ha despertado celos en calidad de rival[6]. Esta fantasía parece ser una reliquia del período fálico en la niña; la peculiar rigidez que tanto llamó mi atención en la monótona fórmula «pegan a un niño» probablemente acepte aún otra interpretación particular. El niño que allí es pegado-acariciado, en el fondo quizá no sea otra cosa sino el propio clítoris, de modo que, en su nivel más profundo, dicho enunciado contendría una confesión de la masturbación, que desde su comienzo en la fase fálica, hasta la edad más madura, se mantiene vinculada al contenido de esa fórmula.

Una tercera consecuencia de la envidia fálica parece radicar en el relajamiento de los lazos cariñosos con el objeto materno. En su totalidad, la situación no es todavía muy clara; pero es posible convencerse de que, en última instancia, la falta de pene es casi siempre achacada a la madre de la niña, que la echó al mundo tan insuficientemente dotada. El desenvolvimiento histórico de este proceso suele consistir en que, poco después de haber descubierto el efecto de sus genitales, la niña desarrolla celos contra otro niño con el pretexto de que la madre lo querría más que a ella, con lo cual halla un motivo para el desprendimiento de la vinculación afectuosa con la madre. Todo esto viene a ser corroborado entonces si dicho niño preferido por la madre se convierte luego en el primer objeto de la fantasía de flagelación que desemboca en la masturbación.

Existe todavía otro efecto sorprendente de la envidia fálica –o del descubrimiento de la inferioridad del clítoris–, que es, sin duda, el más importante de todos. En el pasado tuve a menudo la impresión de que en general la mujer tolera la masturbación peor que el hombre, de que lucha más frecuentemente contra ella y de que es incapaz de aprovecharla en circunstancias en las cuales un hombre recurriría sin vacilar a este expediente. Es evidente que la experiencia nos enfrentaría con múltiples excepciones de esta regla si pretendiésemos sustentarla como tal, pues las reacciones de los individuos humanos de ambos sexos están integradas por rasgos masculinos tanto como femeninos. No obstante, subsiste la impresión de que la masturbación sería más ajena a la naturaleza de la mujer que a la del hombre; para resolver el problema así planteado cabría la reflexión de que la masturbación, por lo menos la del clítoris, es una actividad masculina, y que la eliminación de la sexualidad clitoridiana es un prerrequisito ineludible para el desarrollo de la feminidad. Los análisis extendidos hasta el remoto período fálico me han demostrado ahora que en la niña, poco después de los primeros signos de la envidia fálica, aparece una intensa corriente afectiva contraria a la masturbación, que no puede ser atribuida exclusivamente a la influencia de las personas que intervienen en su educación. Este impulso es, a todas luces, un prolegómeno de esa ola de represión que en la pubertad habrá de eliminar gran parte de la sexualidad masculina de la niña, a fin de abrir espacio al desarrollo de su feminidad. Puede suceder que esta primera oposición a la actividad autoerótica no alcance su objetivo; así fue en los casos que yo analicé. El conflicto persistía entonces, y la niña, tanto en esa época como ulteriormente, siguió haciendo todo lo posible para librarse de la compulsión a masturbarse. Muchas de las manifestaciones ulteriores que la vida sexual adopta en la mujer permanecen ininteligibles, a menos que se reconozca esta poderosa motivación.

No puedo explicarme esta rebelión de la niña pequeña contra la masturbación fálica sino aceptando que algún factor concurrente interfiere en esta actividad tan placentera, malogrando sensiblemente su goce. No es necesario ir muy lejos para hallar dicho factor: trátase de la ofensa narcisística ligada a la envidia fálica, o sea, de la advertencia que la niña se hace de que al respecto no puede competir con el varón, y que, por tanto, sería mejor renunciar a toda equiparación con éste. De tal manera, el reconocimiento de la diferencia sexual anatómica fuerza a la niña pequeña a apartarse de la masculinidad y de la masturbación masculina, dirigiéndola hacia nuevos caminos que desembocan en el desarrollo de la feminidad.

Hasta ahora no hemos mencionado en absoluto el complejo de Edipo, que no ha tenido tampoco intervención alguna hasta este punto. Ahora, empero, la libido de la niña se desliza hacia una nueva posición, siguiendo el camino preestablecido –no es posible expresarlo en otra forma– por la ecuación pene = niño. Renuncia a su deseo del pene, poniendo en su lugar el deseo de un niño, y con este propósito toma al padre como objeto amoroso. La madre se convierte en objeto de sus celos: la niña se ha convertido en una pequeña mujer. Si puedo dar crédito a una observación analítica aislada, es posible que esta nueva situación dé origen a sensaciones físicas que cabría interpretar como un despertar prematuro del aparato genital femenino. Si tal vinculación con el padre llega a fracasar más tarde y si debe ser abandonada, puede ceder la plaza a una identificación con el mismo, retornando así la niña a su complejo de masculinidad, para quedar quizá fijada en él.

He expresado hasta aquí lo esencial de cuanto tenía que decir, y me detengo para echar una mirada panorámica sobre nuestros resultados. Hemos llegado a reconocer la prehistoria del complejo de Edipo en la niña, mientras que el período correspondiente del varón es todavía más o menos desconocido. En la niña, el complejo de Edipo es una formación secundaria: lo preceden y lo preparan las repercusiones del complejo de castración. En lo que se refiere a la relación entre los complejos de Edipo y de castración, surge un contraste fundamental entre ambos sexos. *Mientras el complejo de Edipo del va-*

rón se aniquila en el complejo de castración[7], *el de la niña es posibilitado e iniciado por el complejo de castración.* Esta contradicción se explica considerando que el complejo de castración actúa siempre en el sentido dictado por su propio contenido: inhibe y restringe la masculinidad, estimula la feminidad. La divergencia que en esta fase existe entre el desarrollo sexual masculino y el femenino es una comprensible consecuencia de la diferencia anatómica entre los genitales y de la situación psíquica en ella implícita; equivale a la diferencia entre una castración realizada y una mera amenaza de castración. Por tanto, nuestra comprobación es tan obvia en lo esencial que bien podríamos haberla previsto.

El complejo de Edipo, sin embargo, es algo tan importante que no puede dejar de tener repercusión la forma en que en él se entra y se logra abandonarlo. Como lo expuse en el último trabajo mencionado –del cual arrancan todas estas consideraciones–, el complejo no es simplemente reprimido en el varón, sino que se desintegra literalmente bajo el impacto de la amenaza de castración. Sus catexias libidinales son abandonadas, desexualizadas y, en parte, sublimadas; sus objetos son incorporados al *yo,* donde constituyen el núcleo del *super-yo,* impartiendo sus cualidades características a esta nueva estructura. En el caso normal –más bien dicho, en el caso ideal– ya no subsiste entonces complejo de Edipo alguno, ni aun en el inconsciente: el *super-yo* se ha convertido en su heredero. Dado que el pene –siguiendo aquí a Ferenczi– debe su catexia narcisista extraordinariamente elevada a su importancia orgánica para la conservación de la especie, cabe interpretar la catástrofe del complejo de Edipo –el abandono del incesto, la institución de la conciencia y de la moral– como una victoria de la generación, de la raza sobre el individuo. He aquí un interesante punto de vista, si se considera que la neurosis se funda sobre la oposición del *yo* contra las demandas de la función sexual. Con todo, el abandono del punto de vista de la psicología individual no promete contribuir, por el momento, a la aclaración de estas complicadas relaciones.

En la niña falta todo motivo para el aniquilamiento del complejo de Edipo. La castración ya ha ejercido antes su efecto, que consistió precisamente en precipitar a la niña en la situación del complejo de Edipo. Así, éste escapa al destino que le es deparado en el varón; puede ser abandonado lentamente, o liquidado por medio de la represión, o sus efectos pueden persistir muy lejos en la vida psíquica normal de la mujer. Aunque vacilo en expresarla, se me impone la noción de que el nivel de lo ético normal es distinto en la mujer que en el hombre. El *super-yo* nunca llega a ser en ella tan inexorable, tan impersonal, tan independiente de sus orígenes afectivos como exigimos que lo sea en el hombre. Ciertos rasgos caracterológicos que los críticos de todos los tiempos han echado en cara a la mujer –que tiene menor sentido de la justicia que el hombre, que es más reacia a someterse a las grandes necesidades de la vida, que es más propensa a dejarse guiar en sus juicios por los sentimientos de afecto y hostilidad–, todos ellos podrían ser fácilmente explicados por la distinta formación del *super-yo* que acabamos de inferir. No nos dejemos apartar de estas conclusiones por las réplicas de los feministas de ambos sexos, afanosos de imponernos la equiparación y la equivalencia absoluta de los dos sexos; pero estamos muy dispuestos a concederles que también la mayoría de los hombres quedan muy atrás del ideal masculino y que todos los individuos humanos, en virtud de su disposición bisexual y de la herencia en mosaico, combinan en sí características tanto femeninas como masculinas, de modo que la masculinidad y la feminidad puras no pasan de ser construcciones teóricas de contenido incierto.

Me inclino a dar cierto valor a los conceptos precedentes sobre las consecuencias psíquicas de la distinción anatómica entre los sexos; pero tengo bien presente que esta opinión únicamente podrá ser mantenida siempre que mis comprobaciones, basadas hasta ahora sólo en un puñado de casos, demuestren poseer validez general y carácter típico. De lo contrario, aquéllas no pasarían de ser meras contribuciones a nuestro conocimiento de los múltiples caminos que en su desarrollo puede recorrer la vida sexual.

Los valiosos y exhaustivos trabajos sobre los complejos de masculinidad y de castración en la mujer, realizados por Abraham, Horney y Helene Deutsch[8], contienen múltiples formulaciones estrechamente afines a las mías, aunque ninguna coincida con ellas por completo, de modo que una vez más me siento justificado al publicar este trabajo.

Análisis terminable e interminable

1

La experiencia nos ha enseñado que la terapéutica psicoanalítica –la liberación de alguno de los síntomas neuróticos, inhibiciones y anormalidades del carácter– es un asunto que consume mucho tiempo. Por ello ya desde el principio se han hecho intentos para abreviar la duración del análisis. Tales intentos no requieren justificación y es evidente que se basan en imperativas consideraciones de razón y de conveniencia. Pero probablemente se hallaba latente en ellos un trasunto de la impaciente curiosidad con la que la ciencia médica de los primeros días consideraba a la neurosis, pensando que eran la consecuencia de invisibles heridas. Y si era necesario atenderlas, había que hacerlo lo más rápidamente posible.

Un intento especialmente enérgico en esta dirección fue realizado por Otto Rank a partir de su libro *El trau-*

ma del nacimiento (1924). Este autor suponía que la verdadera fuente de las neurosis es el acto del nacimiento, ya que éste lleva consigo la posibilidad de que una «fijación primaria» del niño hacia la madre no sea superada y persista como una «represión primaria». Rank esperaba que si este trauma primario era tratado en un subsiguiente análisis, la neurosis podría quedar completamente resuelta. Así, esta pequeña parte del trabajo analítico ahorraría la necesidad del resto. Y esto podía realizarse en pocos meses. Es indiscutible que el argumento de Rank era prometedor e ingenioso, pero no resistió la prueba de un examen crítico. Más bien fue un producto de su tiempo, concebido bajo la presión del contraste entre la miseria de la postguerra en Europa y la *prosperity*[1] de América, y diseñado para adaptar el *tempo* de la terapéutica analítica a la prisa de la vida americana. No hemos oído mucho acerca de lo que ha conseguido la innovación de Rank en casos de enfermedad. Probablemente no más que si una brigada de bomberos, llamada para acudir a una casa en llamas a consecuencia de la caída de una lámpara de aceite, se conformase con retirar la lámpara de la habitación en que se inició el fuego. No hay duda de que por este medio se hubiesen abreviado considerablemente las actividades de los bomberos. La teoría y la práctica del experimento de Rank son cosas que pertenecen al pasado, lo mismo que la propia prosperidad americana[2].

Yo había adoptado otro modo de acelerar un tratamiento psicoanalítico ya antes de la guerra. En aquel tiempo había tomado a mi cargo el caso de un joven ruso, un hombre a quien la riqueza había echado a perder y había llegado a Viena en un estado de completo derrumbamiento, acompañado por un médico y un enfermero[3]. En el curso de unos años fue posible devolverle una gran parte de su independencia, despertar su interés por la vida y ajustar sus relaciones con las personas que más le interesaban. Pero entonces la mejoría se detuvo. No pudimos ir más lejos en el esclarecimiento de su neurosis de la infancia, en la cual se había basado su enfermedad posterior, y resultaba claro que el paciente encontraba muy cómoda su actual posición y no sentía ningún deseo de adelantar un paso más que le acercara al fin de su tratamiento. Era un caso en el que el tratamiento se inhibía a sí mismo; se encontraba al borde del fracaso como resultado de su éxito –parcial–. En esta situación eché mano del procedimiento heroico de fijar un límite de tiempo para el análisis[4]. Al comenzar el trabajo de un año informé al paciente de que ése sería el último de su tratamiento, cualquiera que fuera el resultado en el tiempo acordado. Al principio no me creyó, pero en cuanto se convenció de que hablaba en serio apareció el cambio deseado. Sus resistencias cedieron y en los últimos meses fue capaz de reproducir todos los recuerdos y descubrir todas las relaciones que parecían necesarias para la comprensión de su neurosis precoz y para dominar la actual. Cuando me dejó, en el verano de 1914, sin sospechar, como el resto de nosotros, lo que había de suceder enseguida, creí que su curación era radical y permanente.

En una nota añadida a la historia clínica de este paciente en 1923[5] ya señalaba yo que me había equivocado. Cuando hacia el final de la guerra volvió a Viena como refugiado y en la miseria, tuve que ayudarle a dominar una parte de la transferencia que no había quedado resuelta. Esto se llevó a cabo en unos pocos meses, y pude completar mi nota adicional diciendo que «desde entonces el paciente se ha sentido normal y se ha comportado sin llamar la atención, a pesar de que la guerra le despojó de su hogar, de sus posesiones y de toda su familia y amigos». Quince años han pasado sin desmentir la verdad de esta aserción, pero resultan necesarias ciertas reservas. El paciente ha permanecido en Viena y ha conservado un lugar, aunque humilde, en la sociedad. Pero durante este período algunas veces su estado de buena salud ha sido interrumpido por episodios patológicos que solamente podían ser comprendidos como emanaciones de su perenne neurosis. Gracias a la habilidad de una de mis alumnas, la doctora Ruth MacBrunswick, un tratamiento breve ha llevado a buen fin cada una de estas alteraciones. Espero que la doctora MacBrunswick informará acerca de los detalles[6]. Algunos de estos episodios se hallaban todavía relacionados con restos de la transferencia, y cuando ocurría esto, aunque eran cortos, mostraban un carácter claramente paranoide. Sin embargo, en otros episodios el material patógeno consistía en fragmentos de la histeria de la infancia del paciente que no habían salido a la luz cuando yo le analizaba y que ahora se expulsaban –la comparación es inevitable– como los puntos de sutura después de una operación o pequeños fragmentos de un hueso necrosado. Me parece que la historia de la curación de este paciente es por lo menos tan interesante como la de su enfermedad.

Posteriormente he empleado también en otros casos esta fijación de un límite de tiempo y he tenido asimismo en cuenta la experiencia de otros psicoanalistas. Solamente puede existir un veredicto acerca del valor de este chantaje: es eficaz con tal que se haga en el momento oportuno. Pero no puede garantizar el cumplimiento total de la tarea. Por el contrario, podemos estar seguros de que mientras parte del material se hará accesible bajo la presión de esta amenaza, otra parte quedará guardada y enterrada como antes estaba y perdida para nuestros esfuerzos terapéuticos. Porque una vez que el analista ha fijado el límite de tiempo, no puede prolongarlo; de otro modo, el paciente perdería la fe en él. El camino más claro para el paciente sería continuar su tratamiento con otro analista, aunque sepamos que este cambio llevará consigo una nueva pérdida de tiempo y el abandono de los resultados de un trabajo ya realizado. Tampoco puede establecerse una regla general en cuanto al momento oportuno en que ha de utilizarse este recurso técnico; la decisión ha de dejarse al tacto del psicoanalista. Un error de cálculo no puede ser rectificado, debiendo aplicarse aquí el dicho de que un león sólo salta una vez.

2

La discusión del problema técnico de cómo acelerar el lento progreso de un análisis nos lleva a otra cuestión más profundamente interesante: ¿Existe algo que pueda llamarse terminación natural de un análisis? ¿Existe alguna posibilidad de llevar un análisis hasta este final?

Si se juzga por el lenguaje corriente de los psicoanalistas, parecería que debe ser así, porque con frecuencia les oímos decir, cuando deploran o excusan las reconocidas imperfecciones de algún mortal: «Su análisis no estaba terminado», o «Nunca llegó a ser analizado hasta el final».

Antes que nada hemos de decidir qué se quiere decir con la frase ambigua «el final de un análisis». Desde un punto de vista práctico es fácil contestar. Un análisis ha terminado cuando el psicoanalista y el paciente dejan de reunirse para las sesiones de análisis. Esto sucede cuando se han cumplido más o menos por completo dos condiciones: primera, que el paciente no sufra ya de sus síntomas y haya superado su angustia y sus inhibiciones; segunda, que el analista juzgue que se ha hecho consciente tanto material reprimido, que se han explicado tantas cosas que eran ininteligibles y se han conquistado tantas resistencias internas que no hay que temer una repetición de los procesos patológicos en cuestión. Si dificultades externas impiden la consecución de esta meta, es mejor hablar de un análisis *incompleto* que de un análisis *inacabado*.

El otro significado de «terminación» de un análisis es mucho más ambicioso. En este otro sentido, lo que preguntamos es si el analista ha tenido una influencia tal sobre el paciente que no podrían esperarse mayores cambios en él aunque se continuara el análisis. Es como si fuera posible obtener por medio del psicoanálisis un nivel de normalidad psíquica absoluta –un nivel que confiáramos en que había de permanecer estable–, como si hubiéramos logrado resolver cada una de las represiones del paciente y llenar todas las lagunas de su memoria. Primeramente debemos consultar nuestra experiencia para saber si tales cosas ocurren realmente y entonces volver a nuestra teoría para descubrir si existe alguna *posibilidad* de que esto suceda.

Todo analista ha tratado unos pocos casos que han tenido este satisfactorio resultado. Ha logrado hacer desaparecer los trastornos neuróticos que no han reaparecido ni han sido reemplazados por ningún otro. No dejamos de tener algunos conocimientos sobre los determinantes de estos resultados. El *yo* del paciente no había sido visiblemente alterado[7] y la etiología de su trastorno era esencialmente traumática. Después de todo, la etiología de cualquier trastorno neurótico es mixta. O bien ocurre que los instintos son excesivamente intensos –es decir, recalcitrantes a ser domeñados[8] por el *yo*–, o bien es el resultado de traumas prematuros que el *yo* inmaduro fue incapaz de dominar. Por lo común existe una combinación de ambos factores: el constitucional y el accidental. Cuanto más intenso es el factor constitucional, más fácilmente llevará un trauma a una fijación y dejará detrás un trastorno del desarrollo; cuanto más intenso es el trauma, con tanta mayor seguridad se manifestarán sus efectos perjudiciales, aun cuando la situación instintiva sea normal. No hay duda de que una etiología traumática ofrece un campo más favorable para el psicoanálisis. Solamente cuando un caso es de origen predominantemente traumático podrá hacer el psicoanálisis lo que es capaz de hacer de un modo superlativo; sólo entonces, gracias a haber reforzado el *yo* del paciente, logrará sustituir por una solución correcta la inadecuada decisión hecha en la primera época de su vida. Solamente en tales casos se puede hablar de que un análisis ha terminado definitivamente. En ellos el psicoanálisis ha hecho todo lo que debería y no tiene que ser continuado. Es verdad que si el paciente que ha sido curado nunca produce otro trastorno que necesite psicoanálisis, no sabemos hasta qué punto su inmunidad no es debida a un hado benéfico que le ha ahorrado tormentos demasiado graves.

Una intensidad constitucional del instinto y una alteración desfavorable del *yo* adquiridas en la lucha defensiva en el sentido de que resulte dislocado y restringido, son los factores perjudiciales para la eficacia de un análisis y pueden hacer su duración interminable. Estaríamos tentados de hacer al primer factor –intensidad del instinto– responsable a su vez de la emergencia del segundo –la alteración del *yo*–; pero parece que el último tiene también una etiología propia. Y realmente debemos admitir que nuestro conocimiento de estas materias es todavía insuficiente. Sólo ahora llegan a convertirse en objetos del estudio psicoanalítico. En este campo el interés del análisis me parece que se halla mal orientado. En lugar de investigar cómo se realiza una curación por el psicoanálisis (una cuestión que creo que ha sido ya suficientemente elucidada), la pregunta debería referirse a cuáles son los obstáculos que se hallan en el camino de tal curación.

Esto me lleva a tratar de dos problemas que se derivan directamente de la práctica psicoanalítica, como espero demostrar con los siguientes ejemplos. Un hombre que se había autoanalizado con gran éxito llegó a la conclu-

sión de que sus relaciones con los hombres y las mujeres
–con los hombres que eran sus competidores y con las
mujeres a las que amaba– no se hallaban libres de alteraciones neuróticas, y como consecuencia se sometió al
psicoanálisis por otra persona a quien consideraba como
superior a él[9]. Esta iluminación crítica de sí mismo tuvo
un pleno éxito. Se casó con la mujer a la que amaba y se
convirtió en amigo y maestro de sus supuestos rivales.
Muchos años pasaron de esta manera, durante los cuales
sus relaciones con su psicoanalista permanecieron sin
nubes. Pero entonces, por razones no apreciables exte-
riormente, se presentaron conflictos. El hombre que había sido psicoanalizado se hizo antagonista del analista y
le reprochó que no había logrado hacerle un análisis
completo. El analista, según él, debería haber sabido y
haber tenido en cuenta el hecho de que una relación
transferencial nunca puede ser puramente positiva; debería haber prestado atención a las posibilidades de una
transferencia negativa. El psicoanalista se defendió diciendo que en la época del análisis no había signos de
transferencia negativa. Pero si no había sabido descubrir
algún ligero signo de ella –lo cual no había que descartar,
si se consideraba el limitado horizonte del psicoanálisis
en aquella primera época–, resultaba dudoso, pensó,
que hubiera podido activar un tópico (o, como decimos
nosotros, un «complejo») sólo mencionándolo en cuanto no sea activo en el paciente en aquel momento. Ciertamente, el activarlo habría requerido algún modo de
conducta desagradable por parte del analista. Además,
añadió, no toda buena relación entre un analista y su paciente durante y después del análisis ha de considerarse

como una transferencia, porque existen también relaciones amistosas que están basadas en la realidad y que resultan viables.

Paso ahora a mi segundo ejemplo, que plantea el mismo problema. Una mujer soltera, ya no joven, había vivido aislada desde la pubertad por una incapacidad para caminar debida a grandes dolores en las piernas. Su estado era claramente de naturaleza histérica y había desafiado a muchos tipos de tratamiento. Un psicoanálisis que duró tres cuartas partes de un año hizo desaparecer el trastorno y devolvió a la paciente, una persona excelente y bien dotada, su derecho a participar de la vida. En los años que siguieron a su curación fue continuadamente infortunada. Hubo desastres y pérdidas financieras en su familia, y conforme se fue haciendo más vieja, vio desvanecerse cualquier esperanza de felicidad basada en el amor y en el matrimonio. Pero la ex inválida se enfrentó con todo valientemente y fue un apoyo para su familia en los tiempos difíciles. No puedo recordar si fue doce o catorce años después de su análisis cuando, por sufrir profusas hemorragias, hubo de someterse a un examen ginecológico. Se encontró un mioma que aconsejó la práctica de una histerectomía total. A partir de la operación la mujer enfermó de nuevo. Se enamoró del cirujano, incurrió en fantasías masoquistas acerca de los terribles cambios sufridos en su interior –fantasías con las que ocultaba su romance– y se mostró inaccesible a un posterior intento de psicoanálisis. Siguió siendo anormal hasta el fin de su vida. El tratamiento psicoanalítico se realizó hace tanto tiempo, que no podemos esperar demasiados esclarecimientos basados en él; se hizo en los primeros años de mi trabajo como psicoanalista. No hay dudas de que la segunda enfermedad de la paciente pudo surgir de la misma fuente que la primera, que había sido tratada con éxito; puede haber sido una manifestación diferente de los mismos impulsos reprimidos que el análisis había resuelto sólo incompletamente. Pero me siento inclinado a pensar que, a no haber sido por el nuevo trauma, no hubiera aparecido una nueva irrupción de la neurosis.

Estos dos ejemplos, que han sido seleccionados de intento entre un gran número de otros similares, bastarán para iniciar una discusión de las cuestiones que estamos considerando. El escéptico, el optimista y el ambicioso los considerarán de muy diferente manera. El primero dirá que se halla comprobado ya que aun un tratamiento analítico seguido de éxito no protege al paciente, que en el momento ha quedado curado, de caer más tarde enfermo con otra neurosis –o realmente de una neurosis derivada de la misma raíz instintiva–; es decir, de una recurrencia de su antiguo trastorno. Los otros considerarán que esto no ha sido demostrado. Objetarán que los dos ejemplos datan de los primeros tiempos del psicoanálisis, de hace veinte y treinta años, respectivamente, y que desde entonces hemos adquirido una comprensión más profunda y un conocimiento más amplio y que nuestra técnica ha cambiado de acuerdo con nuestros nuevos descubrimientos. Hoy, dirán, podemos pedir y esperar que un tratamiento psicoanalítico dé resultados permanentes, o por lo menos que si un paciente recae, su nueva enfermedad no resultará una reviviscencia de su primitivo trastorno instintivo que se manifiesta de una forma nueva. Nuestra experiencia, mantendrán, no nos obliga a restringir tan materialmente las demandas que pueden hacerse a nuestro método terapéutico.

Mi razón para elegir estos dos ejemplos es, desde luego, precisamente que se hallan tan alejados en el pasado. Resulta evidente que cuanto más reciente es el resultado satisfactorio de un análisis, menos utilizable resulta para nuestra discusión, puesto que no podemos predecir cuál será la historia que sigue al restablecimiento. Las expectativas del optimista presuponen claramente un número de cosas que no son precisamente evidentes por sí mismas. Suponen, en primer lugar, que realmente existe una posibilidad de solucionar un conflicto instintivo (o, más correctamente, un conflicto entre el *yo* y un instinto) definitivamente y para siempre; en segundo lugar, que mientras estamos tratando a alguien por un conflicto instintivo, podemos, de la manera que sea, inmunizarlo contra la posibilidad de cualquier otro conflicto de ese tipo, y en tercer lugar, que podemos, con propósitos de profilaxis, resolver un conflicto patógeno de esta clase que no se manifiesta en el momento por ninguna indicación y que es aconsejable hacerlo así. Presento estos problemas sin proponerme contestarlos ahora. Tal vez no sea posible actualmente dar una respuesta segura a ninguno de ellos.

Probablemente puede proyectarse alguna luz sobre esto mediante consideraciones teóricas. Pero otro punto se presenta con claridad: si deseamos satisfacer las mayores exigencias con la terapéutica psicoanalítica, nuestro camino no nos llevará a un acortamiento de su duración.

3

Una experiencia psicoanalítica que ahora se extiende a algunas décadas y un cambio realizado en la naturaleza y en el modo de mi actividad me animan a intentar contestar las cuestiones que se nos presentan. En la primera época traté una gran cantidad de pacientes, quienes, como era natural, querían ser curados con la máxima rapidez posible. En los últimos años me he dedicado, sobre todo, a análisis didácticos; un número relativamente pequeño de casos graves siguieron conmigo para un tratamiento continuado, interrumpido, sin embargo, por intervalos más o menos largos. En ellos la meta terapéutica ya no era la misma. No se trataba de acortar el tratamiento; el propósito era agotar radicalmente las posibilidades de enfermedad y poner de manifiesto una alteración profunda de su personalidad.

De los tres factores que hemos reconocido como decisivos para el éxito del tratamiento psicoanalítico –la influencia de los traumas, la intensidad constitucional de los instintos y las alteraciones del *yo*–, el que nos concierne aquí es sólo el segundo, la fuerza de los instintos. Una reflexión momentánea provoca la duda de si el uso restrictivo del adjetivo «constitucional» (o «congénito») es esencial. Por muy verdad que sea que el factor constitucional es de importancia decisiva desde el comienzo, puede concebirse, sin embargo, que un refuerzo del instinto que aparezca tardíamente en la vida pueda producir los mismos efectos. Si fuera así, habríamos de modificar nuestra fórmula y decir la «intensidad de los instintos *en el momento*», en lugar de la «fuerza *constitucional* de los instintos». La primera de nuestras preguntas era: ¿es posible resolver por medio de la terapéutica psicoanalítica un conflicto entre un instinto y el *yo,* o el causado por una demanda instintiva patógena al *yo,* de un modo permanente y definitivo? Para evitar malentendidos tal vez no resulte innecesario explicar más exactamente qué queremos decir al hablar de «resolver de un modo permanente una exigencia instintiva». Ciertamente, no el hacer desaparecer la demanda de modo que nada se vuelva a oír de ella nunca. Eso es, en general, imposible, y tampoco es en absoluto deseable. Con ello queremos decir algo completamente distinto, algo que puede ser descrito *grosso modo* como una «domesticación» *(taming)*[10] del instinto. Es decir, el instinto es integrado en la armonía del *yo,* resulta accesible a todas las influencias de los otros impulsos sobre el *yo* y ya no intenta seguir su camino independiente hacia la satisfacción. Si se nos pregunta por qué métodos y medios se logra este resultado, no es fácil encontrar una respuesta. Solamente podemos decir: *So muss denn doch die Hexe dran*[11] –la metapsicología de las brujas–. Sin una especulación y ciertas teorizaciones –casi diría «fantasía»– metafísicas no daremos otro paso adelante. Por desgracia, aquí, como en otras partes, lo que nuestra bruja nos revela no es ni muy claro ni muy detallado. Sólo tenemos una única pista para empezar –aunque es una pista del mayor valor–, la antítesis entre los procesos primarios y secundarios, y en este punto he de limitarme a señalar esta antítesis.

Si ahora volvemos a nuestra primera pregunta, encontramos que nuestro nuevo enfoque nos lleva inevitablemente a una conclusión peculiar. La pregunta era si es posible resolver un conflicto instintivo de un modo permanente y definitivo –es decir, «domeñar» una exigencia instintiva de este modo–. Formulada en estos términos la pregunta, no hace mención de la intensidad del instinto; pero es precisamente de esto de lo que depende el resultado. Partamos de la suposición de que lo que el análisis logra en los neuróticos no es más que lo que las personas normales llevan a cabo por sí mismas sin ayuda. Sin embargo, la experiencia diaria nos enseña que en una persona normal cualquier solución de un conflicto instintivo sólo resulta buena para una particular intensidad del instinto o, mejor dicho, sólo para una cierta relación entre la intensidad del instinto y la fuerza del yo^{12}. Si ésta disminuye, sea por enfermedad o fatiga o por alguna otra causa parecida, todos los instintos que han sido hasta entonces domeñados con éxito pueden renovar sus exigencias y tender a obtener satisfacciones sustitutivas por caminos anormales[13]. La prueba irrefutable de esta afirmación se halla suministrada por nuestros ensueños nocturnos; reaccionan a la actitud asumida por el *yo* durante el sueño con un despertar de demandas instintivas.

La otra porción del material (la fuerza de los instintos) es igualmente evidente. Dos veces en el curso del desarrollo individual ciertos instintos resultan considerablemente reforzados: en la pubertad, y en las mujeres, en la menopausia. No nos sorprende en absoluto que una persona que no ha sido antes neurótica se convierta en tal en esas épocas. Cuando sus instintos no eran tan fuertes, conseguía dominarlos; pero cuando están reforzados, no logra hacerlo. La represión actúa como los diques contra el empuje del agua. Los mismos efectos producidos por esos dos refuerzos fisiológicos del instinto pueden aparecer de un modo irregular por causas accidentales en cualquier otro período de la vida. Estos refuerzos pueden presentarse por traumas recientes, frustraciones forzadas o por la influencia colateral de unos instintos sobre otros. El resultado es siempre el mismo y subraya el poder irresistible del factor cuantitativo en el origen de la enfermedad.

Pienso que debería avergonzarme de una exposición tan prolija, teniendo en cuenta que todo lo que he dicho es desde hace tiempo conocido y evidente por sí mismo. Realmente, siempre nos hemos comportado como si supiéramos todo esto; pero en general nuestros conceptos teóricos han descuidado el conceder la misma importancia al enfoque *económico* que a las actitudes *dinámicas y topográficas*. Por tanto, mi excusa es que estoy llamando la atención sobre este descuido[14].

Antes de decidirnos por una respuesta a esta pregunta, hemos de considerar una objeción cuya fuerza reside en el hecho de que probablemente nos hallamos predispuestos en su favor. Nuestros argumentos, se dirá, están todos deducidos de los procesos que se realizan espontáneamente entre el *yo* y los instintos y presuponen que la terapéutica psicoanalítica nada puede lograr que, en condiciones favorables y normales, no ocurra por sí mismo. Pero ¿es esto realmente así? ¿No proclama precisamente nuestra teoría que el análisis produce un estado que nunca tiene lugar en el *yo* espontáneamente y que este estado creado de nuevo constituye la diferencia esencial entre una persona que ha sido psicoanalizada y otra que no lo ha sido? Pensemos en sobre qué se basa esta afirmación. Todas las represiones tienen lugar en la primera infancia; son medidas defensivas primitivas tomadas por el *yo* inmaduro y débil. En años posteriores no aparecen nuevas represiones, pero persisten las antiguas y el *yo* continúa utilizándolas para domeñar los instintos. Los nuevos conflictos son solucionados por lo que llamamos «represión posterior» *(after-repression)*[15]. Podemos aplicar a estas represiones infantiles nuestra afirmación general de que la represión depende absoluta y enteramente de la intensidad relativa de las fuerzas que participan y que no puede mantenerse cuando aumenta la intensidad de los instintos. Sin embargo, el psicoanálisis permite al *yo* que ha alcanzado mayor madurez y fuerza emprender una revisión de esas antiguas represiones; unas pocas son destruidas, mientras otras son reconocidas, pero reconstruidas con un material más sólido. Estos nuevos diques son de un grado de firmeza muy distinto al de las primeras; podemos confiar en que no cederán tan fácilmente ante un aumento de la fuerza de los instintos. Así, el verdadero resultado de la terapéutica psicoanalítica sería la corrección subsiguiente del primitivo proceso de represión, una corrección que pone fin al predominio del factor cuantitativo.

Hasta aquí, pues, nuestra teoría, a la que no podemos renunciar a no ser bajo una compulsión irresistible. ¿Y qué tiene que decir sobre esto nuestra *experiencia?* Tal vez no sea todavía lo bastante amplia para que podamos llegar a una conclusión definitiva. Confirma nuestras expectativas con bastante frecuencia, pero no siempre. Tenemos la impresión de que no deberíamos sorprendernos si al final encontramos que la diferencia entre la conducta de una persona que no ha sido psicoanalizada y la de otra después de haberlo sido no es tan completa como intentamos realizarla ni como lo esperamos y como afirmamos que ha de ser. Si esto es así, significaría que el análisis logra *a veces* eliminar la influencia de un aumento del instinto, pero no invariablemente, o que el efecto del psicoanálisis se halla limitado a aumentar el poder de resistencia de las inhibiciones de modo que equilibren exigencias mucho mayores que antes del análisis o si éste no hubiera tenido lugar. Realmente no puedo adoptar una decisión en este punto ni sé si en los momentos actuales es posible.

Existe, sin embargo, otro ángulo desde el cual podemos enfocar el problema de la variabilidad de los efectos del psicoanálisis. Sabemos que el primer paso para obtener el dominio intelectual de lo que nos rodea es descubrir las generalizaciones, reglas y leyes que ponen orden en el caos. Al hacer esto simplificamos el mundo de los fenómenos; pero no podemos evitar falsificarlo, especialmente si nos ocupamos en procesos de desarrollo y de cambio. Lo que nos interesa es discernir una alteración *cualitativa,* y corrientemente al hacerlo descuidamos, por lo menos en el comienzo, un factor *cuantitativo.* En el mundo real las transiciones y los estadios intermedios son mucho más comunes que los estados opuestos, claramente diferenciados. Al estudiar los desarrollos y los cambios dirigimos nuestra atención únicamente al resultado; pasamos fácilmente por alto el hecho de que tales procesos son corrientemente más o menos incompletos –es decir, que en realidad son sólo alteraciones parciales–. Un agudo escritor satírico de la vieja Austria, Johann Nestroy[16], dijo una vez: «Cada paso adelante es sólo la mitad de largo de lo que parece al principio». Es tentador atribuir una validez general a esta frase maliciosa. Casi siempre quedan fenómenos residuales, una secuela parcial. Cuando un generoso mecenas nos sorprende por algún rasgo aislado de mezquindad o cuando una persona que es siempre muy amable incurre súbitamente en una acción hostil, estos «fenómenos residuales» son de gran valor para la investigación genética. Nos muestran que esas loables y preciosas cualidades se hallan basadas en la compensación y en la sobrecompensación, la cual no ha tenido el éxito absoluto y completo que habíamos esperado. Nuestra primera idea de la evolución de la libido era que una fase primitiva oral daba paso a otra fase sádico-anal y que ésta a su vez era seguida por una fase fálico-genital. La investigación posterior no ha contradicho estos puntos de vista, pero los ha corregido al añadir que esas sustituciones no tienen lugar repentinamente, sino de un modo gradual, de modo que siempre persisten fragmentos de la antigua organización al lado de la más reciente, y aun en la evolución normal la transformación nunca es completa, y en la configuración final pueden persistir todavía residuos de fijaciones libidinosas anteriores. Lo mismo se ve en campos completamente diferentes. De todas las creencias erróneas y supersticiosas de la Humanidad, que se supone que han sido superadas, no existe ninguna cuyos residuos no se hallen hoy entre nosotros, en los estratos más bajos de los pueblos civilizados o en las capas superiores de la sociedad culta. Lo que una vez ha llegado a estar vivo se aferra tenazmente a conservar la existencia. A veces nos sentimos inclinados a dudar de si los dragones de los tiempos prehistóricos están realmente extintos.

Aplicando estas observaciones a nuestro problema presente, pienso que la respuesta a la pregunta de cómo explicar los variables resultados de nuestra terapéutica psicoanalítica podría ser que cuando pretendemos sustituir las represiones, que son inseguras, por controles sintónicos con el *yo,* no siempre conseguimos nuestras aspiraciones en su plenitud –es decir, no lo logramos por completo–. Hemos obtenido la transformación, pero con frecuencia sólo parcialmente: fragmentos de los viejos mecanismos quedan inalterados por el trabajo analítico. Es difícil probar que esto ocurre realmente así, porque no tenemos otro camino para juzgar lo que sucede que el resultado que estamos intentando explicar. Sin embargo, las impresiones que se obtienen durante el trabajo analítico no contradicen esta suposición; más bien parecen confirmarla. Pero no debemos tomar la claridad de nuestra comprensión como una medida de la convicción que producimos en el paciente. Podríamos decir que a su convicción puede faltarle «profundidad»; esto es, que siempre depende del factor cuantitativo, que tan fácilmente se pasa por alto. Si ésta es la contestación correcta a nuestra pregunta, podemos decir que el psicoanálisis, al pretender curar las neurosis por la obtención del control sobre el instinto, tiene siempre razón en la teoría, pero no siempre en la práctica. Y esto porque no en todos los casos logra asegurar en un grado suficiente las bases sobre las que se asienta el control de un instinto. La causa de este fracaso parcial se descubre fácilmente. En el pasado, el factor cuantitativo de la fuerza instintiva se oponía a los esfuerzos defensivos del *yo;* por esta razón hemos llamado en nuestra ayuda al psicoanálisis, y ahora aquel mismo factor pone un límite a la eficacia de este nuevo esfuerzo. Si la fuerza del instinto es excesiva, el *yo* maduro, ayudado por el análisis, fracasa en su tarea de igual modo que el *yo* inerme fracasó anteriormente. Su control sobre el instinto ha mejorado, pero sigue siendo imperfecto, porque la transformación del mecanismo defensivo es sólo incompleta. No hay en esto nada sorprendente, en cuanto el poder de los instrumentos con los que opera el psicoanálisis no es ilimitado, sino que se halla restringido, y la irrupción final depende siempre de la fuerza relativa de los agentes psíquicos que luchan entre sí.

No hay duda de que es deseable el acortamiento de la duración del tratamiento psicoanalítico, pero sólo podemos lograr nuestro propósito terapéutico aumentando el poder del análisis para que llegue a auxiliar al *yo*. La hipnosis pareció ser un excelente instrumento a estos efectos, pero son bien conocidas las razones que nos llevaron a abandonarla. Y no se ha hallado todavía un sustituto para ella. Desde este punto de vista podemos comprender cómo un maestro del psicoanálisis como Ferenczi dedicó los últimos años de su vida a experiencias terapéuticas que, por desgracia, resultaron vanas.

4

Las otras dos preguntas –si mientras estamos tratando un conflicto instintivo podemos proteger a un paciente de futuros conflictos y si es factible y fácil con fines profilácticos investigar un conflicto que no es manifiesto en el momento– deben ser tratadas juntas, porque, evidentemente, la primera tarea sólo puede ser realizada en tanto se lleva a cabo la segunda –es decir, en cuanto un posible conflicto futuro es convertido en un conflicto actual sobre el cual se puede influir–. Este nuevo modo de presentar el problema es, en el fondo, sólo una ampliación del primero. Mientras en el primer ejemplo consideramos cómo proteger contra la reaparición del mismo conflicto, estudiamos ahora cómo proteger contra su posible sustitución por *otro* conflicto. Éste parece un propósito muy ambicioso, pero todo lo que pretendemos es poner de manifiesto qué límites existen para la eficacia de la terapéutica psicoanalítica.

Aun cuando nuestra ambición terapéutica se halla tentada de emprender tales tareas, la experiencia rechaza la posibilidad de hacerlo. Si un conflicto instintivo no es actualmente activo, no se manifiesta, no podemos influir sobre él ni aun con el psicoanálisis. El aviso de que deberíamos dejar tranquilos a los perros que duermen, que tantas veces hemos oído en relación con nuestros esfuerzos por explotar el mundo psíquico profundo, es particularmente inadecuado si se aplica a la vida psíquica. Porque si los instintos están produciendo trastornos, ésta es la prueba de que los perros no duermen; y si realmente parecen estar durmiendo, no se halla en nuestras manos el poder despertarlos. Sin embargo, esta última afirmación no parece ser totalmente exacta y precisa una discusión más detallada. Consideremos los medios de que disponemos para transformar un conflicto instintivo que se halla por el momento latente en otro actualmente activo. Evidentemente, sólo podemos hacer dos cosas. Podemos producir situaciones en las que el conflicto se haga activo o podemos contentarnos con discutirlo en el análisis y señalar la posibilidad de que surja. La primera de estas dos alternativas puede realizarse de dos maneras: en la realidad o en la transferencia –en cualquiera de los dos casos exponiendo al paciente a una cierta cantidad de sufrimiento real por la frustración y el represamiento de la libido–. Es verdad que nosotros ya usamos una técnica de esta clase en nuestro método analítico ordinario. ¿Qué significa, si no, la regla de que el análisis debe realizarse «en un estado de frustración»?[17]. Pero es una técnica que usamos para tratar un conflicto actualmente activo. Intentamos llevar ese conflicto a una culminación, desarrollarlo hasta el máximo para aumentar la fuerza instintiva de que se pueda disponer para su solución. La experiencia psicoanalítica nos ha enseñado que lo mejor es siempre enemigo de lo bueno[18] y que en cada fase de recuperación del paciente hemos de luchar contra su inercia, que enseguida se contenta con una solución incompleta.

Si, sin embargo, lo que pretendemos es un tratamiento profiláctico de los conflictos instintivos que no son actualmente activos, sino meramente potenciales, no será bastante el regular los sufrimientos que ya se hallan presentes en el paciente y que no puede evitar. Deberíamos estar dispuestos a provocar en él nuevos sufrimientos; y esto, hasta ahora y con plena razón, lo hemos dejado en manos del Destino. De todas partes nos reprocharían el intentar sustituir al Destino si sujetáramos a las pobres criaturas humanas a estos crueles experimentos. ¿Y qué clase de experimentos habrían de ser? Con propósitos de profilaxis, ¿podríamos tomar la responsabilidad de destruir un matrimonio satisfactorio o de aconsejar al paciente que abandonara un empleo del que depende su subsistencia? Afortunadamente, nunca nos encontramos en situación de tener que considerar si tales intervenciones en la vida real del paciente están justificadas; no poseemos los plenos poderes que serían necesarios, y el sujeto de nuestro experimento terapéutico rehusaría con seguridad el cooperar en él. Entonces en la práctica tal proceder queda virtualmente excluido; pero, además, existen objeciones teóricas. Porque el trabajo de análisis progresa mejor si las experiencias patógenas del paciente pertenecen al pasado, de modo que su *yo* pueda hallarse a una cierta distancia de ellas. En los estados de crisis aguda el psicoanálisis no puede utilizarse con ningún propósito. Todo el interés del *yo* está absorbido por la penosa realidad y se retira del análisis, que es un intento de penetrar bajo la superficie y descubrir las influencias del pasado. El crear un nuevo conflicto sería solamente hacer más largo y más difícil el trabajo psicoanalítico.

Se nos dirá que estas observaciones son completamente innecesarias. Nadie piensa en conjurar de propósito nuevas situaciones de sufrimiento para hacer posible el tratamiento de un conflicto instintivo latente. No podría alardearse mucho de esto como de un logro profiláctico. Sabemos, por ejemplo, que un paciente que ha curado de la escarlatina está inmune para una recaída en la misma enfermedad; pero a ningún médico se le ocurre tomar a una persona que puede enfermar de escarlatina e infectarle tal enfermedad para inmunizarla contra ella.

La medida protectora no ha de producir la misma situación de peligro que crea la enfermedad misma, sino solamente algo mucho más leve, como en el caso de la vacunación contra la viruela y otros muchos procedimientos semejantes. En la profilaxia psicoanalítica, por tanto, contra conflictos instintivos los únicos métodos que pueden ser considerados son los otros dos que hemos mencionado: la producción artificial de nuevos conflictos en la transferencia (conflictos a los que, después de todo, les falta el carácter de realidad) y la presentación de conflictos reales en la imaginación del paciente hablándole acerca de ellos y familiarizándole con su posibilidad.

No sé si podemos afirmar que el primero de estos procedimientos más suaves se halla excluido del psicoanálisis. En esta dirección no se han hecho experimentos especiales. Pero las dificultades que se presentan no arrojan una luz muy prometedora sobre tales empresas. En primer lugar, las posibilidades de tal situación en la transferencia son muy limitadas. Los pacientes no pueden llevar por sí mismos todos sus conflictos a la transferencia, ni el psicoanalista puede concitar todos sus posibles conflictos instintivos a partir de la situación transferencial. Puede provocar sus celos o hacerles experimentar decepciones en amor, pero para producir esto no se requiere un propósito técnico. Estas cosas suceden por sí mismas en la mayor parte de los análisis. En segundo lugar, no debemos pasar por alto el hecho de que todas las medidas de esta clase obligarían al psicoanalista a conducirse de un modo inamistoso con los pacientes, y esto tendría un efecto perturbador sobre la actitud afectiva –sobre la transferencia positiva–, que es el motivo más fuerte para que el paciente participe en el trabajo común del psicoanálisis. Así, no habríamos de esperar mucho de este procedimiento.

Esto nos deja abierto solamente un método –el que probablemente fue el único que primitivamente se tuvo en cuenta–. Le hablamos al paciente acerca de las posibilidades de otros conflictos instintivos y provocamos la expectativa de que tales conflictos puedan aparecer en él. Lo que esperamos es que esta información y esta advertencia tendrán el efecto de activar uno de los conflictos que hemos indicado en un grado moderado y, sin embargo, suficiente para el tratamiento. Pero esta vez la experiencia habla con una voz clara. El resultado esperado no aparece. El paciente oye nuestro mensaje, pero no hay respuesta. Puede pensar: «Esto es muy interesante, pero no siento la menor traza de ello». Hemos aumentado su conocimiento, pero no hemos alterado nada en él. La situación es la misma que cuando la gente lee trabajos psicoanalíticos. El lector resulta «estimulado» solamente por aquellos pasajes que siente que se aplican a él mismo; esto es, que conciernen a conflictos que son activos en él en aquel momento. Todo lo demás le deja frío. Podemos tener experiencias análogas, pienso, cuando damos a los niños una aclaración sexual. Me hallo lejos de mantener que esto sea una cosa perjudicial o innecesaria, pero está claro que el efecto profiláctico de esta medida liberal ha sido grandemente hipervalorado. Después de esta aclaración los niños saben algo que antes no sabían, pero no utilizan los nuevos conocimientos que se les han facilitado. Incluso llegamos a ver que no tienen prisa por sacrificar a estos nuevos conocimientos las teorías sexuales, que podrían ser descritas como un crecimiento natural, que ellos mismos han construido en armonía y dependencia con su organización libidinal imperfecta –teorías acerca del papel desempeñado por la cigüeña, respecto la naturaleza del contacto sexual y sobre el modo como se hacen los niños–. Mucho tiempo después de haber recibido la aclaración sexual se comportan igual que las razas primitivas que han recibido la influencia del cristianismo, pero continúan adorando en secreto sus viejos ídolos[19].

5

Habíamos partido de la cuestión de cómo podemos acortar la incómoda duración del tratamiento psicoanalítico, y conservando en la mente esta cuestión del tiempo hemos llegado a considerar si es posible lograr una curación permanente e incluso prevenir enfermedades futuras por un tratamiento profiláctico. Al hacer esto encontramos que los factores decisivos para el éxito de nuestros esfuerzos terapéuticos eran el influjo de una etiología traumática, la fuerza relativa de los instintos que han de ser controlados y una cosa que hemos llamado una alteración del *yo*. Sólo el segundo de estos factores ha sido discutido con algún detalle, y en relación con él hemos tenido ocasión de reconocer la enorme importancia del factor cuantitativo y de poner de relieve la pretensión del enfoque metapsicológico de ser tenido en cuenta en cualquier intento de explicación.

Respecto al tercer factor, la alteración del *yo,* no hemos dicho todavía nada. Si dirigimos a él nuestra atención, la primera impresión que recibimos es que hay mucho que preguntar y mucho que contestar y que lo que digamos acerca de ello resultaría muy incierto. Esta primera impresión se ve confirmada cuando penetramos más profundamente en el problema. Como es bien sabido, la situación analítica consiste en que nos aliamos con el *yo* de la persona sometida al tratamiento con el fin de dominar partes de su *ello* que se hallan incontroladas; es decir, de incluirlas en la síntesis de su *yo.* El hecho de que una cooperación de esta clase fracase habitualmente en el caso de los psicóticos nos permite sentar sólidamente nuestros pies para establecer un juicio. Si hemos de poder hacer un pacto con el *yo,* éste ha de ser normal. Pero un *yo* normal de esta clase es, como la normalidad en general, una ficción ideal. El *yo* anormal, que no sirve para nuestros propósitos, no es, por desgracia, una ficción. Toda persona normal es de hecho solamente normal en cuanto pertenece a la media. Su *yo* se aproxima al del psicótico en uno u otro aspecto y en mayor o menor cantidad; y el grado de su alejamiento de un extremo de la serie y de su proximidad al otro nos proporcionará una medida provisional de lo que hemos llamado con tanta imprecisión «alteración del *yo*».

Si preguntamos cuál es la fuente de la gran diversidad de clases y grados de alteración del *yo,* no podemos escapar a la primera alternativa evidente de que esas alteraciones son o congénitas o adquiridas. De ellas la segunda clase será la más fácil de tratar. Si son adquiridas, ciertamente lo habrán sido en el curso del desarrollo, empezando ya en los primeros años de la vida. Porque el *yo* ha de intentar, desde el principio, realizar su tarea de mediar entre su *ello* y el mundo externo al servicio del principio del placer y proteger al *ello* de los peligros del mundo exterior. Si en el curso de esos esfuerzos el *yo* aprende también a adoptar una actitud defensiva hacia su propio *ello* y a tratar las demandas instintivas del último como peligros externos, esto ocurre, por lo menos en parte, porque comprende que la satisfacción del instinto llevaría a conflictos con el mundo externo. Por tanto, bajo la influencia de la educación, el *yo* se va acostumbrando a llevar el escenario de la lucha desde fuera adentro y a dominar el peligro *interno* antes que se convierta en peligro *externo,* y probablemente la mayor parte de las veces tiene razón al hacerlo así. Durante esta lucha en dos frentes –más tarde habrá un tercer frente también[20]– el *yo* utiliza varios procedimientos para realizar su tarea, que es, para decirlo en términos generales, evitar el peligro, la ansiedad y el displacer. A estos procedimientos los llamamos «*mecanismos* de defensa». Nuestro conocimiento acerca de ellos no es todavía completo. El libro de Anna Freud (1936) nos ha dado una primera visión de su multiplicidad y de su significado polivalente.

Fue a partir de uno de estos mecanismos, de la represión, como tuvo su principio el estudio de los procesos neuróticos. Nunca se dudó de que no era el único procedimiento que el *yo* podía emplear para sus propósitos. Pero la represión es algo muy peculiar y ahora se encuentra más claramente diferenciada de los otros mecanismos que éstos entre ellos. Me gustaría poner en claro esta relación con los restantes mecanismos mediante una analogía, aunque sé que en estas cuestiones las analogías no pueden llevarnos muy lejos. Imaginemos lo que podría haberle ocurrido a un libro en una época en que los libros no eran impresos, sino que eran escritos individualmente. Supondremos que uno de estos libros contenía afirmaciones que en tiempos posteriores fueron consideradas como indeseables –por ejemplo, según Robert Eisler (1929), los escritos de Flavio Josefo habrían contenido pasajes acerca de Jesucristo que resultarían ofensivos para la cristiandad posterior–. Actualmente, el único mecanismo defensivo del que la censura oficial podría echar mano sería confiscar y destruir todos los ejemplares de la edición. En aquel tiempo se utilizaban métodos diferentes para hacer innocuo el libro. Uno era tachar concienzudamente los pasajes ofensivos para que resultaran ilegibles. Entonces no podían ser transcritos y el copista posterior producía un texto irreprochable, pero con lagunas en determinados pasajes, y, por tanto, éstos podían resultar ininteligibles. Otro camino, si las autoridades no se hallaban conformes con éste y querían que no se percibiera que el texto había sido mutilado, era proceder a la distorsión del mismo. Algunas palabras podían ser omitidas o reemplazadas por otras y algunas nuevas frases intercaladas. Mejor que nada, todo el pasaje sería borrado y se colocaría en su lugar otro que dijera exactamente lo contrario. El copista siguiente produciría un texto que no provocaría sospechas, pero que estaría falsificado. Ya no contendría lo que el autor quería decir; y es muy probable que las correcciones no se habrían hecho ateniéndose a la verdad.

Si no seguimos la analogía demasiado rígidamente, podemos decir que la represión tiene la misma relación con los otros métodos de defensa que la omisión tiene con la distorsión del texto, y en las diferentes formas de esta falsificación podemos descubrir paralelos con la diversidad de modos en los que el *yo* se altera. Se puede intentar presentar la objeción de que la analogía está equivocada en un punto esencial, porque la distorsión de un texto es el trabajo de una censura tendenciosa de la que no se encuentra nada similar en la evolución del *yo*. Pero esto no es así, porque un propósito tendencioso de esta clase se halla representado ampliamente por la fuerza impulsora del principio del placer. El aparato psíquico no tolera el displacer, ha de eliminarlo a toda costa, y si la percepción de la realidad lleva consigo displacer, aquella percepción –esto es, la verdad– debe ser sacrificada. Donde existen peligros externos el individuo puede ayudarse por algún tiempo mediante la huida y la evitación de las situaciones de peligro hasta que más tarde sea bastante fuerte para desplazar la amenaza mediante la alteración activa de la realidad. Pero no podemos huir de nosotros mismos; la huida no es un remedio frente al peligro interno. Y por esta razón los mecanismos defensivos del *yo* están condenados a falsificar nuestra percepción interna y a darnos solamente una imagen imperfecta y desfigurada de nuestro *ello*. Por tanto, en su relación con el *ello,* el *yo* queda paralizado por sus restricciones o cegado por sus errores, y el resultado de esto en la esfera de los acontecimientos psíquicos sólo puede ser comparado al hecho de pasear por un territorio que no se conoce y sin tener un buen par de piernas.

Los mecanismos de defensa sirven al propósito de alejar los peligros. No puede negarse que en esto tienen éxito, y es dudoso si el *yo* podría pasarse sin ellos durante su desarrollo. Pero también es cierto que, a su vez, pueden convertirse en peligros. A veces resulta que el *yo* ha pagado un precio demasiado alto por los servicios que le prestan. El gasto dinámico necesario para mantenerlos y las restricciones del *yo* que presuponen casi invariablemente resultan una pesada carga en la economía psíquica. Además, esos mecanismos no se extinguen después de haber ayudado al *yo* durante los años difíciles de su desarrollo. Naturalmente, ningún individuo usa todos los posibles mecanismos de defensa. Cada persona sólo utiliza una selección de ellos. Pero éstos quedan fijados en su *yo*. Se convierten en modos regulares de reacción de su carácter, que se repiten a lo largo de su vida cuando se presenta una situación similar a la primitiva. Esto los convierte en infantilismos que comparten el destino de tantas instituciones que intentan subsistir después que ha pasado la época en que eran útiles. *Vernunft wird Unsinn, Wohltat Plage,* se queja el poeta[21]. El *yo* del adulto, con su fuerza incrementada, continúa defendiéndose contra peligros que ya no existen en la realidad; se siente impulsado a buscar en la realidad aquellas situaciones que pueden servir como un sustituto aproximado del peligro primitivo para poder justificar, en relación con ellas, el que mantenga sus modos habituales de reacción. Así podemos comprender fácilmente cómo los mecanismos defensivos, produciendo una alienación más amplia del mundo exterior y una debilitación permanente del *yo,* facilitan y pavimentan el camino para la irrupción de la neurosis.

Pero por el momento no nos interesa el papel patógeno de los mecanismos de defensa. Lo que intentamos descubrir es la influencia que las alteraciones del *yo*, que corresponden a ellos, tienen sobre nuestros esfuerzos terapéuticos. El material para una respuesta a esta pregunta aparece en el libro de Anna Freud al que ya nos hemos referido. El punto esencial es que el paciente repite esos modos de reacción durante el trabajo analítico, que los produce ante nuestros ojos. En realidad sólo por este camino podemos conocerlos. Esto no significa que hagan imposible el psicoanálisis. Por el contrario, constituyen la mitad de nuestra tarea analítica. La otra mitad, que era de la que se ocupaba el psicoanálisis en sus primeros tiempos, es el descubrimiento de lo que se halla oculto en el *ello*. Durante el tratamiento, nuestro trabajo terapéutico se halla oscilando continuamente hacia adelante y hacia atrás, igual que un péndulo, entre un fragmento de análisis del *ello* y otro de análisis del *yo*. En el primer caso necesitamos hacer consciente algo del *ello;* en el otro queremos corregir algo del *yo*. Lo importante es que los mecanismos defensivos dirigidos contra el peligro primitivo reaparecen en el tratamiento como *resistencias* contra la curación. De aquí resulta que el *yo* considera la curación como un nuevo peligro.

El efecto terapéutico depende de que se haga consciente lo que se halla reprimido, en el sentido más amplio de la palabra, en el *ello*. Preparamos el camino para esta concienciación por las interpretaciones y las construcciones[22], pero interpretamos sólo para nosotros y no para el paciente, en tanto el *yo* se aferra a sus antiguas defensas y no abandona sus resistencias. Ahora bien:

esas resistencias, aunque pertenecen al *yo,* son inconscientes y en cierto modo se hallan aisladas dentro de él. El psicoanalista las reconoce con más facilidad que al material oculto en el *ello*. Se podría pensar que sería suficiente tratarlas como fragmentos del *ello* y, haciéndolas conscientes, ponerlas en relación con el resto del *yo*. De este modo supondríamos que habíamos realizado la mitad de la tarea del psicoanálisis; no deberíamos contar con encontrar una resistencia contra el descubrimiento de las resistencias. Pero es esto lo que sucede. Durante el trabajo sobre las resistencias el *yo* se retira –más o menos seriamente– del acuerdo sobre el que se basa la situación psicoanalítica. El *yo* cesa de apoyar nuestros esfuerzos para descubrir el *ello;* se opone a ellos, desobedece la regla fundamental del análisis y no permite que emerja nada derivado de lo reprimido. No podemos esperar que el paciente tenga una gran convicción sobre el poder curativo del análisis. Puede haber traído consigo un cierto grado de confianza en el analista, que será reforzado hasta que resulte eficaz por los factores de la transferencia positiva que se creará en él. Bajo el influjo de los impulsos displacenteros, que siente como resultado de la reactivación de sus conflictos defensivos, las transferencias negativas pueden ocupar el primer plano y anular por completo la situación psicoanalítica. Ahora el paciente mira al psicoanalista como a un extraño que tiene exigencias desagradables para él y se conduce entonces como un niño que no gusta del extraño y no cree nada de lo que le dice. Si el psicoanalista intenta explicar al paciente una de las distorsiones hechas por él con propósitos de defensa y corregirle, lo encuentra sin comprensión e inaccesible a los argumentos mejor fundamentados. Así vemos que existe una resistencia al descubrimiento de las resistencias, y los mecanismos defensivos merecen realmente el nombre que les hemos dado primitivamente aun antes de haberlos examinado en detalle. Son resistencias no sólo a la concienciación de los contenidos del *ello,* sino también al análisis como un todo y, por tanto, a la curación.

El efecto producido en el *yo* por las defensas puede describirse acertadamente como una «alteración del *yo*», si por esto comprendemos una desviación de la ficción de un *yo* normal que garantizaría una inquebrantable lealtad al trabajo del análisis. Es fácil entonces aceptar el hecho, que la experiencia diaria muestra, de que el resultado de un tratamiento psicoanalítico depende esencialmente de la fuerza y de la profundidad de las raíces de esas resistencias, que dan lugar a una alteración del *yo*. De nuevo nos enfrentamos con la importancia del factor cuantitativo y otra vez hemos de pensar que el análisis sólo puede echar mano de cantidades de energía definidas y limitadas que han de medirse con las fuerzas hostiles. Y parece como si la victoria se hallara de hecho, como regla general, del lado de los grandes batallones.

6

La siguiente cuestión que hemos de tratar es si todas las alteraciones del *yo* –en nuestro sentido del término– se adquieren durante las luchas defensivas de los primeros años. No hay duda en cuanto a la contestación. No tenemos razones para negar la existencia y la importancia de características originales e innatas distintivas del *yo*. Esto se comprueba por el simple hecho de que cada persona hace una elección de los posibles mecanismos de defensa, que usa solamente unos pocos y siempre los mismos. Esto parecería indicar que cada *yo* está provisto desde un principio con disposiciones e impulsos individuales, aunque es verdad que no podemos especificar su naturaleza ni lo que los determina. Sabemos también que no debemos exagerar la diferencia entre caracteres heredados y adquiridos como una antítesis; lo que fue adquirido por nuestros antepasados forma, ciertamente, una parte importante de lo que heredamos. Cuando hablamos de una «herencia arcaica», corrientemente estamos pensando solamente en el *ello* y parece que aceptamos que en el comienzo de la vida individual no existe todavía un *yo*. Pero no hemos de pasar por alto el hecho de que el *ello* y el *yo* son originariamente una misma cosa; tampoco implica una hipervaloración mística de la herencia el pensar que sea creíble que aun antes que el *yo* haya surgido a la existencia están ya preparadas para él las líneas de desarrollo, los impulsos y las reacciones que más tarde exhibirá. Las peculiaridades psicológicas de las familias, razas y naciones, incluso en su actitud hacia el psicoanálisis, no permiten otra explicación. Más aún: la experiencia psicoanalítica nos ha imbuido la convicción de que hasta los contenidos psíquicos particulares, como el simbolismo, no tienen otras fuentes que la transmisión hereditaria, y algunas investigaciones en el terreno de la antropología social hacen plausible suponer que otros precipitados, igualmente especializados, dejados por la evolución humana se hallan también presentes en la herencia arcaica.

Con el reconocimiento de que las propiedades del *yo* que encontramos bajo la forma de resistencias pueden ser tanto determinadas por la herencia como adquiridas en las luchas defensivas pierde mucho de su valor para nuestra investigación la distinción topográfica entre lo que es *yo* y lo que es *ello*. Si damos un paso más en nuestra experiencia analítica llegamos a resistencias de otro tipo, que ya no podemos localizar y que parecen depender de condiciones fundamentales del aparato psíquico. Sólo puedo dar unos pocos ejemplos de este tipo de resistencias: el campo de investigación no es todavía asombrosamente extraño y está insuficientemente explorado. Encontramos personas, por ejemplo, a quienes nos sentiríamos inclinados a atribuir una especial «adhesividad de la libido»[23]. Los procesos que el tratamiento pone en marcha son mucho más lentos en ellas que en otras personas, porque al parecer no pueden acostumbrarse a separar las catexias —*cathexes,* del grito *kathexis,* en psicoanálisis: la concentración de deseos sobre algún objeto e idea; también la cantidad de deseos así concentrados— libidinales de un objeto para transferirlas a otro, aunque no podamos descubrir una especial razón para esta lealtad de las catexias. Encontramos también el tipo de persona opuesto, en el que la libido parece particularmente movilizable; entra fácilmente en las nuevas catexias sugeridas por el análisis, abandonando las antiguas. La diferencia entre los dos tipos es comparable a la que sentiría un escultor según trabajara en una piedra dura o en el blanco yeso. Por desgracia, en este segundo tipo los resultados del análisis resultan ser con frecuencia muy poco duraderos; las nuevas catexias son pronto abandonadas, y tenemos la impresión no de haber trabajado en yeso, sino de haber escrito en el agua. En las palabras del proverbio: «Los dineros del sacristán cantando vienen, cantando se van»[24].

En otro grupo de casos nos vemos sorprendidos por una actitud de nuestros pacientes que solamente puede ser atribuida a un agotamiento de la plasticidad, de la capacidad de cambio y de desarrollo que ordinariamente esperaríamos. Estamos en verdad preparados para encontrar en el análisis un cierto grado de inercia psíquica[25]. Cuando el trabajo analítico ha abierto nuevos caminos a un impulso instintivo, casi invariablemente observamos que el impulso no penetra en ellos sin una marcada vacilación. A esta conducta la hemos llamado, tal vez no muy correctamente, «resistencia del *ello*»[26]. Pero en los pacientes a los que ahora me refiero, todos los procesos mentales, las relaciones y las distribuciones de fuerzas son inmodificables, fijas y rígidas. Encontramos lo mismo en personas muy ancianas, en cuyo caso se explica como siendo debido a lo que se describe como la fuerza de la costumbre o a un agotamiento de la receptividad, una especie de entropía psíquica[27]. Pero aquí tratamos con personas que todavía son jóvenes. Nuestro conocimiento teórico no parece adecuado para dar una explicación correcta de estos tipos. Probablemente intervienen algunas características pasajeras –algunas alteraciones del ritmo del desarrollo de la vida psíquica que todavía no hemos apreciado.

En otro grupo de casos, las características distintivas del *yo,* que han de hacerse responsables como fuentes de la resistencia hacia el tratamiento psicoanalítico y como impedimentos para el éxito terapéutico, pueden surgir de raíces más profundas y diferentes. Aquí tratamos con las cosas últimas, de las que la investigación psicológica puede aprender algo: la conducta de los dos instintos primigenios, su distribución, su mezcla y su difusión —cosa de las que no se puede pensar que están confinadas a una simple provincia del aparato psíquico, el *ello,* el *yo* o el *super-yo*—. Durante el trabajo analítico no se obtiene otra impresión de la resistencia sino la de que es una fuerza que se defiende con todos los medios posibles contra la curación y que se halla completamente resuelta a aferrarse a la enfermedad y al sufrimiento. Una parte de esta fuerza ha sido reconocida por nosotros, sin duda con justicia, como el sentimiento de culpa y la necesidad de castigo y la hemos localizado en la relación del *yo* con el *super-yo*. Pero ésta es sólo la porción que se halla de algún modo ligada psíquicamente al *super-yo,* haciéndose así reconocible; otras porciones de esta misma fuerza, ligadas o libres, pueden actuar en otros lugares no especificados. Si consideramos el cuadro completo constituido por los fenómenos del masoquismo, inmanente a tanta gente, la reacción terapéutica negativa y el sentimiento de culpa encontrado en tantos neuróticos, no podremos ya adherirnos a la creencia de que los sucesos psíquicos se hallan gobernados exclusivamente por el deseo de placer. Estos fenómenos son inequívocas indicaciones de la presencia en la vida psíquica de una fuerza a la que llamamos instinto de agresión o de destrucción, según sus fines, y que hacemos remontar al primitivo instinto de muerte de la materia viva. No se trata de una antítesis entre una teoría optimista y otra pesimista de la vida. Solamente por la acción mutuamente concurrente u opuesta de los dos instintos primigenios –Eros y el instinto de muerte–, y nunca por uno solo de ellos, podemos explicar la rica multiplicidad de los fenómenos de la vida.

Cómo algunas partes de esas dos clases de instintos se combinan para realizar las diversas funciones vitales, en qué condiciones estas combinaciones se aflojan o se rompen, a qué trastornos corresponden estos cambios y con qué sentimientos responde a ellos la escala perceptiva del principio del placer, son problemas cuya elucidación sería el resultado más interesante de la investigación psicológica. Por el momento hemos de rendirnos a la superioridad de las fuerzas contra las cuales vemos que quedan anulados nuestros esfuerzos. Aun ejercer un influjo psíquico en el simple masoquismo es una carga pesada para nuestras posibilidades.

Al estudiar los fenómenos que testimonian de la actividad del instinto de destrucción, no estamos confinados a hacer observaciones en un material patológico. Muchos hechos de la vida psíquica normal piden una explicación de esta clase, y cuanto más aguda se hace nuestra mirada, con mayor frecuencia los encontramos. El sujeto es demasiado nuevo y demasiado importante para que lo trate aquí como una cuestión secundaria. Me contentaré, por tanto, con seleccionar algunos ejemplos.

Éste es uno. Ya sabemos que en todas las épocas ha habido, como ahora hay, personas que pueden tomar como objeto sexual a miembros de su propio sexo lo mismo que del opuesto sin que un impulso interfiera con el otro. Llamamos a estas personas bisexuales y aceptamos su existencia sin sentir mucha sorpresa. Hemos llegado a saber, además, que todo ser humano es bixexual en este sentido y que su libido se halla distribuida, de un modo manifiesto o latente, sobre objetos de uno y otro sexo. Pero nos sorprende lo siguiente: mientras que en la primera clase de personas los dos impulsos corren juntos sin conflicto, en la segunda y más numerosa se hallan en un estado de conflicto irreconciliable. La heterosexualidad de un hombre no se entiende con la homosexualidad, y viceversa. Si la primera es la más fuerte, logra conservar latente a la segunda, impidiéndole su satisfacción en la realidad. Por otro lado, no existe peligro mayor para la función heterosexual de un hombre que el que sea perturbada por su homosexualidad latente. Podríamos intentar explicar esto diciendo que cada individuo solamente dispone de una cierta cantidad de libido por la que ambos impulsos rivales han de luchar. Pero no está claro por qué los rivales no siempre dividen entre ellos la cantidad disponible de libido de acuerdo con su fuerza relativa, puesto que son capaces de hacerlo así en cierto número de casos. Nos vemos forzados a aceptar la conclusión de que la tendencia a un conflicto es algo especial, algo sobreañadido a la situación, independientemente de la cantidad de libido. Una tendencia, que emerge independientemente, a presentar conflictos de esta clase no puede realmente atribuirse a nada, sino a la intervención de un elemento de agresividad libre.

Si reconocemos el caso que estamos discutiendo como expresión del instinto agresivo o destructivo, se plantea la cuestión de si esta opinión no debería extenderse a otras clases de conflictos e incluso si todo lo que sabemos acerca de los conflictos psíquicos no debería ser revisado desde este nuevo ángulo. Después de todo suponemos que en el curso del desarrollo del hombre desde un estado primitivo a otro civilizado su agresividad sufre un grado considerable de internalización o de vuelta hacia adentro; si es así, sus conflictos internos serían en realidad el equivalente de las luchas externas que entonces han cesado. Ya me doy cuenta de que la teoría dualista, según la cual un instinto de muerte o de destrucción o de agresión reclama los mismos derechos que el Eros que se manifiesta en la libido, ha encontrado pocas simpatías y no ha sido realmente aceptada ni aun por los psicoanalistas. Por esto me sentí tan satisfecho cuando, no hace mucho, encontré esta teoría mía en los escritos de uno de los grandes pensadores de la antigua Grecia. Estoy dispuesto a abandonar el prestigio de la originalidad en favor de esta confirmación, especialmente porque no puedo estar seguro, en vista de la amplitud de mis lecturas en los primeros años, de si lo que creí una nueva creación no sería sino un efecto de la criptomnesia[28].

Empédocles de Acragas (Girgenti)[29], nacido alrededor del año 495 a. C., es una de las figuras más grandes y más notables en la historia de la civilización griega. Las actividades de su polifacética personalidad siguieron las más variadas direcciones. Fue investigador y pensador, profeta y mago, político, filántropo y médico, con un buen conocimiento de las ciencias naturales. Se dijo de él que había librado a la ciudad de Selinunte de la malaria y sus contemporáneos le reverenciaban como a un Dios. Su mente parece haber reunido los más abruptos contrastes. Era exacto y sobrio en sus investigaciones físicas y fisiológicas, aunque no escapó a las oscuridades del misticismo y construyó especulaciones cósmicas de agudeza imaginativa sorprendente. Capelle le compara con el doctor Fausto, «al que le fueron revelados muchos secretos»[30]. Nacido en una época en que el reino de la ciencia se hallaba todavía dividido en tantas provincias, algunas de sus teorías han de parecernos inevitablemente primitivas. Explicó la variedad de las cosas por la mezcla de los cuatro elementos: tierra, aire, fuego y agua. Sostenía que toda la Naturaleza estaba animada y creyó en la transmigración de las almas. Pero también incluyó en su cuerpo teórico de conocimientos ideas tan modernas como la evaluación gradual de las criaturas vivientes, la supervivencia de los mejor dotados y un reconocimiento de la parte desempeñada por la suerte (τύχη) en aquella evolución.

Pero la teoría de Empédocles que merece especialmente nuestro interés es una que se aproxima tanto a la teoría psicoanalítica de los instintos que nos encontraríamos tentados de mantener que las dos son idénticas si no fuera por la diferencia de que la del filósofo griego es una fantasía cósmica, mientras que la nuestra se contenta con reclamar una validez biológica. Al mismo tiempo, el hecho de que Empédocles adscriba al Universo la misma naturaleza animada que al organismo individual despoja a esta diferencia de gran parte de su importancia.

El filósofo enseñaba que dos principios gobernaban los sucesos en la vida del Universo y en la vida de la mente, y que esos principios estaban continuamente en guerra entre ellos. Los llamó φιλία ('amor') y νεῖκος ('lucha'). De esas dos fuerzas –que concebía en el fondo como «fuerzas naturales que operaban como instintos y de ningún modo inteligencias con un propósito consciente»[31]–, la una tiende a aglomerar las partículas primarias de los cuatro elementos en una unidad simple, mientras que la otra, por el contrario, busca disolver todas estas fusiones y separar las partículas primitivas de los elementos. Empédocles pensaba que el proceso del Universo era una alternación continuada e incesante de períodos, en la cual la una o la otra de las dos fuerzas fundamentales obtenía la superioridad, de modo que unas veces el amor, otras la lucha, realizan por completo sus propósitos y dominan el Universo, después de lo cual la contraria, antes vencida, se impone y, a su vez, derrota a su contrincante.

Los dos principios fundamentales de Empédocles –φιλία y νεῖκος– son en cuanto al nombre y a la función los mismos que nuestros dos instintos primigenios, el *Eros* y la *tendencia a la destrucción,* el primero de los cuales se dirige a combinar lo que existe en unidades cada vez mayores, mientras que el segundo aspira a resolver esas combinaciones y a destruir las estructuras a las que han dado lugar. No nos sorprenderá, sin embargo, encontrar que en su reemergencia después de dos milenios y medio esta teoría ha sido alterada en algunos de sus aspectos. Aparte de la restricción al campo biofísico que nos ha sido impuesta, ya no tenemos como sustancias básicas los cuatro elementos de Empédocles; lo que vive ha sido claramente diferenciado de lo inanimado y ya no pensamos en la mezcla y separación de partículas de sustancia, sino en la soldadura y en la disolución de componentes instintivos. Además, nosotros hemos proporcionado una especie de base biológica para el principio de la «lucha», remontando nuestro instinto de destrucción al instinto de muerte, al deseo de lo que vive a volver a un estado inanimado. Esto no es negar que un instinto análogo[32] existiera ya antes ni, naturalmente, afirmar que un instinto de esta clase solamente apareció con la emergencia de la vida. Y nadie puede prever de qué guisa el núcleo de verdad contenido en la teoría de Empédocles se presentará a la comprensión de la posteridad[33].

7

En 1927 Ferenczi leyó un instructivo artículo sobre el problema de la terminación de los análisis[34]. Finaliza con una afirmación consoladora de que «el análisis no es un proceso sin fin, sino que puede ser llevado a una natural terminación con suficiente habilidad y paciencia por parte del analista»[35]. Sin embargo, el trabajo en conjunto me parece contener una advertencia de no aspirar al acortamiento del psicoanálisis, sino a su profundización. Ferenczi señala que el éxito depende muy ampliamente de que el analista haya aprendido lo bastante de sus propios «errores y equivocaciones» y haya corregido los «puntos débiles de su personalidad»[36]. Esto proporciona un importante complemento a nuestro tema. Entre los factores que influencian los progresos del tratamiento psicoanalítico y añaden dificultades del mismo modo que las resistencias deben tenerse en cuenta no sólo la naturaleza del *yo* del paciente, sino la individualidad del psicoanalista.

No puede negarse que los psicoanalistas no han llegado invariablemente en su propia personalidad al nivel de normalidad psíquica hasta el cual desean educar a sus pacientes. Con frecuencia los enemigos del psicoanálisis señalan este hecho con burla y lo utilizan como un argumento para demostrar la inutilidad de las técnicas psicoanalíticas. Podríamos rechazar esta crítica diciendo que presenta exigencias injustificables. Los psicoanalistas son personas que han aprendido a practicar un arte peculiar; además de esto, ha de permitírseles que sean seres humanos como los demás. Al fin y al cabo nadie mantiene que un médico es incapaz de tratar las enfermedades internas si no están sanos sus propios órganos interiores; por el contrario, puede argumentarse que existen ciertas ventajas en que un hombre que se halla amenazado por la tuberculosis se especialice en el tratamiento de personas que sufren esta enfermedad. Pero los casos no son idénticos. En tanto es capaz de trabajar, un médico que sufra de los pulmones o del corazón no se halla impedido para diagnosticar y tratar enfermedades internas, mientras que las condiciones especiales del trabajo psicoanalítico hacen que los propios defectos del analista interfieran en el correcto establecimiento por él del estado de cosas en su paciente y le impidan reaccionar de un modo eficaz. Por tanto, es razonable esperar de un psicoanalista –como parte de sus calificaciones– un grado considerable de normalidad y de salud mentales. Además, ha de poseer alguna clase de superioridad de modo que en ciertas situaciones analíticas pueda actuar como modelo para su paciente y en otras como maestro. Y, finalmente, no debemos olvidar que la relación psicoanalítica está basada en un amor a la verdad —esto es, en el reconocimiento de la realidad—, y que esto excluye cualquier clase de impostura o engaño.

Hagamos aquí una pausa por un momento para asegurar al psicoanalista que tiene nuestra sincera simpatía por las exigentes demandas que ha de satisfacer al realizar sus actividades. Parece casi como si la de psicoanalista fuera la tercera de esas profesiones «imposibles» en las cuales se está de antemano seguro de que los resultados serán insatisfactorios. Las otras dos, conocidas desde hace mucho más tiempo, son la de la educación y del gobierno[37]. Evidentemente, no podemos pedir que el que quiera ser psicoanalista sea un ser perfecto antes de emprender el análisis; en otras palabras, que sólo tengan acceso a la profesión personas de elevada y rara perfección. Pero ¿dónde y cómo adquirirá el pobre diablo las calificaciones ideales que ha de necesitar en su profesión? La respuesta es: en un psicoanálisis didáctico, con el que empieza su preparación para sus futuras actividades. Por razones prácticas, este análisis sólo puede ser breve e incompleto. Su objetivo principal es capacitar a su profesor para juzgar si el candidato puede ser aceptado para un entrenamiento posterior. Habrá cumplido sus propósitos si proporciona al principiante una firme convicción de la existencia del inconsciente, si le capacita, cuando emerge material reprimido, para percibir en él mismo cosas que de otro modo le resultarían increíbles y si le muestra una primera visión de la técnica que ha demostrado ser la única eficaz en el trabajo analítico. Sólo esto no bastará para su instrucción; pero contamos con que los estímulos que ha recibido en su propio análisis no cesarán cuando termine y que los procesos de remodelación continuarán espontáneamente en el sujeto analizado, que hará uso de todas las experiencias subsiguientes en este sentido recién adquirido. En realidad sucede esto, y en tanto sucede califica el sujeto analizado para ser, a su vez, psicoanalista.

Por desgracia también ocurre otra cosa. Si intentamos describirla, sólo podemos hacerlo partiendo de impresiones. La hostilidad, por un lado, y la parcialidad, por el otro, crean una atmósfera desfavorable para la investigación objetiva. Parece que cierto número de psicoanalistas aprenden a utilizar mecanismos defensivos que les permiten desviar de sí mismos las implicaciones y exigencias del análisis (probablemente dirigiéndolas hacia otras personas), de modo que ellos siguen siendo como son y pueden sustraerse a la influencia crítica y correctiva del psicoanálisis. Esto puede justificar las palabras del autor que nos advierte de que cuando un hombre está investido de poder, le resulta difícil no abusar de él[38]. A veces, si intentamos comprender esto, somos llevados a establecer una desagradable analogía con el efecto de los rayos X en personas que los manejan sin tomar precauciones. No sería sorprendente que el efecto de una preocupación constante con todo el material reprimido que lucha por su libertad en la mente humana comenzará a rebullir en el psicoanalista lo mismo que las exigencias instintivas, que de otro modo es capaz de mantener reprimidas. Éstos son también «peligros del psicoanálisis», aunque amenazan no al elemento pasivo, sino al activo en la situación analítica; y no deberíamos descuidar el enfrentarnos con ellos. No hay duda acerca de cómo debemos hacerlo. Todo analista debería periódicamente –a intervalos de unos cinco años– someterse a un nuevo análisis sin sentirse avergonzado de dar este paso. Esto significaría entonces que no sólo el análisis terapéutico de los pacientes, sino su propio psicoanálisis, se transformarían desde una tarea terminable en una tarea interminable.

Aquí, sin embargo, hemos de prevenir contra un malentendido. No quiero decir que el análisis sea algo que nunca termine. Cualquiera que sea la posición teórica de uno hacia este problema, pienso que la terminación de un análisis es una cuestión de práctica. Todo psicoanalista experimentado recordará un cierto número de casos en los que se ha dado a su paciente una despedida definitiva *rebus bene gestis*[39]. En los casos que se conocen como análisis de carácter existe una discrepancia mucho menor entre la teoría y la práctica. Aquí no es fácil prever una terminación natural, aun cuando se eviten exageradas expectaciones y no se plantee al psicoanálisis una tarea excesiva. Nuestra aspiración no será borrar toda peculiaridad del carácter individual en favor de una «normalidad» esquemática ni exigir que la persona que ha sido «psicoanalizada por completo» no sienta pasiones ni presente conflictos internos. El papel del psicoanálisis es lograr las condiciones psicológicas mejores posibles para las funciones del *yo;* con esto ha cumplido su tarea.

8

Tanto en el psicoanálisis terapéutico como en el del carácter percibimos que dos temas se presentan con especial preeminencia y proporcionan al analista una cantidad desmedida de trabajo. Enseguida resulta evidente que aquí actúa un principio general. Los dos temas se hallan ligados a la distinción entre los sexos; uno es característico de los varones; el otro, de las mujeres. A pesar de las diferencias de su contenido, existe una clara correspondencia entre ellos. Algo que los dos sexos tienen en común ha sido forzado, por la diferencia entre los sexos, a expresarse de distintas formas.

Los dos temas, que se corresponden, son: en la mujer, la *envidia del pene* –una aspiración positiva a poseer un órgano genital masculino–, y en el varón, la lucha contra su actitud pasiva o femenina frente a otro varón. Lo que era común a los dos temas fue aislado en una temprana época de la nomenclatura del psicoanálisis como una actitud hacia el complejo de castración. Posteriormente Alfred Adler introdujo en el lenguaje corriente el término de «protesta masculina». Se acomoda perfectamente al caso de los varones; pero pienso que desde el comienzo «repudiación de la feminidad» habría sido la correcta descripción de este notable hecho en la vida psíquica de los seres humanos.

Al intentar introducir este factor en la estructura de nuestra teoría no debemos pasar por alto el hecho de que, por su misma naturaleza, no puede ocupar la misma posición en los dos sexos. En los varones la aspiración a la masculinidad es, desde el principio, sintónica con el *yo;* la actitud pasiva, puesto que presupone una aceptación de la castración, se halla reprimida enérgicamente y con frecuencia su presencia sólo se revela por hipercompensaciones excesivas. En las hembras también la aspiración a la masculinidad resulta sintónica con el *yo* en cierto período —es decir, en la fase fálica, antes que haya empezado la evolución de la feminidad—. Pero entonces sucumbe a los tempestuosos procesos de la represión, cuyo éxito, como tantas veces se ha demostrado, determina el logro de la feminidad de una mujer[40]. Muchas cosas dependen de que una cantidad suficiente de su masculinidad escape a la represión y ejerza una influencia permanente sobre su carácter. Normalmente grandes porciones del complejo son transformadas y contribuyen a la formación de su feminidad: el deseo apaciguado de un pene está destinado a convertirse en el deseo de un bebé y de un marido que posee un pene. Es extraño, sin embargo, cuán a menudo encontramos que el deseo de masculinidad ha sido retenido en el inconsciente y a partir de su estado de represión ejerce un influjo perturbador.

Como se ve por lo que he dicho, en ambos casos es la actitud apropiada para el sexo opuesto la que ha sucumbido a la represión. Ya he señalado en otro lugar[41] que fue Wilhelm Fliess el que llamó mi atención sobre este punto. Fliess se hallaba inclinado a considerar la antítesis entre los sexos como la causa verdadera, la fuerza motora y el motivo primigenio de la represión. Sólo estoy repitiendo lo que entonces dije al expresar mi disconformidad con su opinión, cuando me niego a sexualizar la represión de este modo; es decir, a explicarla por motivos biológicos en lugar de por motivos puramente psicológicos.

La gran importancia de estos dos temas —en las mujeres el deseo de un pene y en los varones la lucha contra la pasividad– no escapó a Ferenzci. En el trabajo leído por él en 1927 consideraba como un requisito para todo psicoanálisis realizado con éxito que esos dos complejos hubieran sido dominados[42]. Me gustaría añadir que, según mi propia experiencia, pienso que al pedir esto pedía demasiado. En ningún momento del trabajo psicoanalítico se sufre más de un sentimiento opresivo, de que los repetidos esfuerzos han sido vanos y se sospecha que se ha estado «predicando en el desierto», que cuando se intenta persuadir a una mujer de que abandone su deseo de un pene porque es irrealizable, o cuando se quiere convencer a un hombre de que una actitud pasiva hacia los varones no siempre significa la castración y es indispensable en muchas relaciones de la vida. La rebelde hipercompensación del varón produce una de las más intensas resistencias a la transferencia. Se niega a sujetarse a un padre-sustituto o a sentirse en deuda con él por cualquier cosa y, por consiguiente, se niega a aceptar su curación por el médico. Del deseo de un pene por parte de la mujer no puede provocarse una transferencia análoga, pero es en ella la fuente de graves episodios de depresión debidos a una convicción interna de que el análisis de nada servirá y que nada puede hacerse para ayudarla. Y hemos de aceptar que está en lo cierto cuando sabemos que su más fuerte motivo para el tratamiento era la esperanza de que, después de todo, todavía podría obtener un órgano masculino, cuya ausencia era tan penosa para ella.

Pero también aprendemos de esto que no es importante la forma en que aparece la resistencia, sea como una transferencia o no. La cosa decisiva sigue siendo que la resistencia evita que aparezca cualquier cambio, que todo continúa como antes estaba. Con frecuencia tenemos la impresión de que con el deseo de un pene y la protesta masculina hemos penetrado a través de todos los estratos psicológicos y hemos llegado a la roca viva, y que por tanto nuestras actividades han llegado a su fin. Esto es probablemente verdad, puesto que para el campo psíquico el territorio biológico desempeña en realidad la parte de la roca viva subyacente. La repudiación de la feminidad puede no ser otra cosa que un hecho biológico, una parte del gran enigma de la sexualidad[43]. Sería difícil decir si y cuándo hemos logrado domeñar este factor en un tratamiento psicoanalítico. Sólo podemos consolarnos con la certidumbre de que hemos dado a la persona analizada todos los alientos necesarios para reexaminar y modificar su actitud hacia él.

Construcciones en psicoanálisis*

1

Siempre me ha parecido que hablaba muy en favor de cierto científico muy conocido que tratara con justicia al psicoanálisis en una época en que la mayor parte de la gente no se sentía obligada a ello. Sin embargo, en una ocasión expresó una opinión sobre la técnica analítica que era peyorativa e injusta. Dijo que al proporcionar interpretaciones a un paciente lo tratamos según el famoso principio de «Si es cara, gano yo; si es cruz, usted pierde» *(Heads I win, tails you lose)*[1]. Es decir, si el paciente está de acuerdo con nosotros, la interpretación es acertada; si nos contradice, es un signo de su resistencia, lo cual demuestra también que estamos en lo cierto. De este modo siempre tenemos razón frente al pobre diablo

* 1937.

inerme al que estamos analizando; independientemente de lo que responda a lo que le presentamos. Ahora bien, como en realidad es cierto que un «no» de uno de nuestros pacientes no es en general bastante para hacernos abandonar una interpretación como incorrecta, tal revelación sobre la naturaleza de nuestra técnica ha sido muy bien recibida por los enemigos del psicoanálisis. Por tanto, merece la pena que demos una noción detallada de cómo acostumbramos a llegar a la aceptación del «sí» o del «no» de nuestros pacientes durante el tratamiento psicoanalítico, de la expresión de su aceptación o de su negativa. El psicoanalista práctico nada aprenderá, naturalmente, en el curso de esta apología que no sepa ya[2].

Es cosa sabida que el trabajo analítico aspira a inducir al paciente a que abandone sus represiones (usando la palabra en su sentido más amplio), que pertenecen a la primera época de su evolución, y a reemplazarlas por reacciones de una clase que corresponderían a un estado de madurez psíquica. Con este propósito a la vista debe llegar a recoger ciertas experiencias y los impulsos afectivos concitados por ellas que en ese momento ha olvidado. Sabemos que sus actuales síntomas e inhibiciones son consecuencia de represiones de esta clase; es decir, que son sustitutos de las cosas que ha olvidado. ¿Qué clase de material pone a nuestra disposición del cual podemos hacer uso para ponerle en el camino de recobrar los perdidos recuerdos? Toda clase de cosas. Nos da fragmentos de esos recuerdos en sus ensueños de gran valor por sí mismos, pero grandemente desfigurados, por lo común, por todos los factores que intervienen en la formulación de los ensueños. También, si se entrega a la «asociación libre», produce ideas, en las que podemos descubrir alusiones a las experiencias reprimidas y derivativos de los impulsos afectivos suprimidos, lo mismo que de las reacciones contra ellos. Y finalmente existen indicios de repeticiones de los afectos que pertenecen al material reprimido que se encuentran en acciones realizadas por el paciente, algunas importantes, otras triviales, tanto dentro como fuera de la situación psicoanalítica. Nuestra experiencia ha demostrado que la relación de transferencia que se establece hacia el analista se halla particularmente calculada para favorecer el regreso de esas conexiones afectivas. De este material bruto –si podemos llamarlo así– es de donde hemos de extraer lo que buscamos.

Y lo que buscamos es una imagen del paciente de los años olvidados que sea verdadera y completa en todos los aspectos esenciales. Pero en este punto hemos de recordar que el trabajo analítico consta de dos porciones completamente distintas, que se llevan a cabo en dos localizaciones diferentes, que afecta a dos personas, a cada una de las cuales le es asignada una tarea distinta. Por un momento puede parecer extraño que este hecho tan fundamental no haya sido señalado hace tiempo; pero inmediatamente se percibirá que nada había oculto en esto, que es un hecho universalmente conocido y evidente por sí mismo y que sólo se pone de relieve aquí y se examina aisladamente con una intención particular. Todos sabemos que la persona que está siendo psicoanalizada ha de ser inducida a recordar algo que ha sido experimentado por ella y reprimido, y los determinantes dinámicos de este proceso son tan interesantes, que la otra parte del trabajo, la tarea realizada por el psicoanalista, es rechazada a un segundo término. El analista ni ha experimentado ni ha reprimido nada del material que se considera; su tarea no ha de ser recordar algo. ¿Cuál *es* entonces su tarea? Su tarea es hacer surgir lo que ha sido olvidado a partir de las huellas que ha dejado tras sí, o más correctamente, *construirlo*. El tiempo y modo en que transmite sus construcciones a la persona que está siendo psicoanalizada, así como las explicaciones con las que las acompaña, constituyen el nexo entre las dos partes del trabajo analítico, entre su propia parte y la del paciente.

Su trabajo de construcción o, si se prefiere, de reconstrucción se parece mucho a una excavación arqueológica de una casa o de un antiguo edificio que han sido destruidos y enterrados. Los dos procesos son en realidad idénticos, excepto que el psicoanalista trabaja en mejores condiciones y dispone de más material en cuanto que no trata con algo destruido, sino con algo que todavía se halla vivo, y tal vez también por otra razón. Pero así como el arqueólogo construye las paredes del edificio a partir de los cimientos que han permanecido, determina el número y la situación de las columnas a partir de las depresiones en el suelo y reconstruye las decoraciones y pinturas murales partiendo de los restos encontrados en las ruinas, lo mismo hace el psicoanalista cuando deduce sus conclusiones de los fragmentos de recuerdos, de las asociaciones y de la conducta del sujeto. Los dos tienen un derecho innegable a reconstruir, con métodos de suplementación y combinación, los restos que sobreviven. También los dos están sujetos a comunes dificultades y fuentes de error. Uno de los problemas más arduos que se presentan al arqueólogo es la determinación de la antigüedad de sus hallazgos; y si un objeto aparece en algún nivel particular, con frecuencia queda por decidir si corresponde a aquel nivel o si ha sido llevado a él por algún trastorno posterior. Es fácil imaginar las dudas correspondientes que surgen en el caso de las construcciones psicoanalíticas.

Como hemos dicho, el psicoanalista trabaja en condiciones más favorables que el arqueólogo, puesto que dispone de un material que no tiene comparación con el de las excavaciones; por ejemplo, de la repetición de reacciones que datan de la infancia y todo lo que está indicado por la transferencia en conexión con estas repeticiones. Pero además ha de tenerse en cuenta que el excavador trata con objetos destruidos de los que se han perdido grandes e importantes fragmentos, por violencias mecánicas, por el fuego y por el pillaje. Ningún esfuerzo los descubrirá ni los podrá unir con los restos que sobreviven. El único camino que queda es el de la reconstrucción, que por esta razón con frecuencia sólo puede alcanzar un cierto grado de probabilidad. Pero ocurre algo diferente con el objeto psíquico cuya temprana historia intenta recuperar el psicoanálisis. Aquí corrientemente nos encontramos en una situación que en la arqueología sólo se presenta en raras circunstancias, como las de Pompeya o las de la tumba de Tutankamon. Todo lo esencial está conservado; incluso las cosas que parecen completamente olvidadas están presentes de alguna manera y en alguna parte y han quedado meramente enterradas y hechas inaccesibles al sujeto. Realmente, como sabemos, puede dudarse de si cualquier estructura psíquica puede ser víctima de una total destrucción. Sólo depende de la técnica psicoanalítica el que tengamos el éxito de llevar completamente a la luz lo que se halla oculto. Sólo hay otros dos hechos que contrapesan la extraordinaria ventaja de la que disfruta el trabajo psicoanalítico: uno, que los objetos psíquicos son incomparablemente más complicados que el material de las excavaciones, y otro, que tenemos un insuficiente conocimiento de lo que podemos esperar encontrar en cuanto que su estructura más fina contiene tantas cosas que son todavía misteriosas. Pero nuestra comparación de las dos clases de trabajo no puede ir más allá que esto, porque la diferencia principal entre ellos se halla en el hecho de que para el arqueólogo la reconstrucción es la aspiración y el fin de sus esfuerzos, mientras que para el analista la construcción es solamente una labor preliminar.

2

No es, sin embargo, una labor preliminar en el sentido de que haya de completarse antes de que pueda empezarse el trabajo siguiente, como, por ejemplo, ocurre en el caso de la construcción de un edificio en el que todas las paredes han de levantarse y todas las ventanas incrustarse antes de que pueda empezarse la decoración interna de las habitaciones. Todo psicoanalista sabe que las cosas ocurren de un modo diferente en un tratamiento analítico y que ambas clases de trabajo se realizan simultáneamente, una de ellas marchando un poco por delante y la otra siguiéndola. El psicoanalista termina una construcción y la comunica al sujeto del análisis de modo que pueda actuar sobre él; construye entonces otro fragmento con el material que le llega, hace lo mismo y sigue de este modo alternativo hasta el final. Si en los trabajos sobre técnica psicoanalítica se dice tan poco acerca de las «construcciones» es porque en lugar de ellas se habla de las «interpretaciones» y de sus efectos. Pero creo que «construcción» es desde luego la palabra más apropiada. El término «interpretación» se aplica a alguna cosa que uno hace con algún elemento sencillo del material, como una asociación o una parapraxia. Pero es una construcción cuando uno coloca ante el sujeto analizado un fragmento de su historia anterior, que ha olvidado, de un modo aproximadamente como éste: «Hasta que tenía usted n años se consideraba usted como el único e ilimitado dueño de su madre; entonces llegó otro bebé y le trajo una gran desilusión. Su madre le abandonó por algún tiempo, y aun cuando reapareció, nunca se hallaba entregada exclusivamente a usted. Sus sentimientos hacia su madre se hicieron ambivalentes, su padre logró una nueva importancia para usted», etc.

En el presente artículo nuestra atención se dirigirá exclusivamente a este trabajo preliminar realizado por las construcciones. Y aquí, ya al comienzo, se presenta la cuestión de qué garantías tenemos de que mientras trabajamos en ellas no cometemos errores y ponemos en peligro el éxito del tratamiento presentando alguna construcción que sea incorrecta. Parece que en esta cuestión no se puede dar en todos los casos una respuesta con validez general; pero aun antes de discutirla podemos prestar oídos a alguna información confortadora que se deriva de la experiencia psicoanalítica. Porque aprenderemos que no se produce un perjuicio porque alguna vez nos equivoquemos y demos al paciente una construcción errónea de la probable verdad histórica. Naturalmente, constituye una pérdida de tiempo, y el que no haga otra cosa sino presentar al paciente falsas combinaciones no creará muy buena impresión en él ni irá muy lejos en su tratamiento; pero un pequeño error de esta clase no causará ningún perjuicio[3]. Lo que en realidad ocurre en tales casos es más bien que el paciente permanece inconmovible por lo que se le ha dicho y no reacciona ni con un «sí» ni con un «no». Esto posiblemente sólo significa que su reacción queda pospuesta; pero si no resulta nada más podemos concluir que hemos cometido un error y debemos admitirlo así ante el paciente en alguna ocasión favorable para no poner en peligro nuestra autoridad. Esta oportunidad se presentará cuando llegue a la luz nuevo material que nos permita hacer una construcción mejor y corregir así nuestro error. De este modo la construcción errónea desaparece como si nunca se hubiera hecho, y en realidad tenemos muchas veces la impresión de que, tomando prestadas las palabras de Polonio, nuestra falsedad hubiera sido vituperada por la verdad. Ciertamente se ha exagerado mucho el peligro de que extraviemos a nuestro paciente sugestionándole para persuadirle de que acepte cosas que nosotros creemos que son, pero que él piensa que no. Una analista tendría que haberse comportado muy mal para que este infortunio le ocurriera; sobre todo habría de acusarse de no haber permitido al paciente decir su opinión. Puedo asegurar sin fanfarronería que este abuso de «sugestión» nunca ha ocurrido en mi práctica.

De lo que hemos dicho se sigue que no nos sentimos inclinados a ignorar las indicaciones que pueden inferirse de la reacción del paciente cuando le hemos ofrecido una de nuestras construcciones. Esto debe ser explicado detalladamente. Es verdad que no aceptamos el «no» de una persona en tratamiento por su valor aparente, pero tampoco damos paso libre a su «sí». No existe justificación para acusarnos de que invariablemente tendamos a retorcer sus observaciones para transformarlas en una confirmación. En realidad las cosas no son tan sencillas si nos permitimos hacer tan fácil para nosotros el llegar a una conclusión.

Un simple «sí» de un paciente no deja de ser ambiguo. En realidad puede significar que reconoce lo justo de la construcción que le ha sido presentada; pero también puede carecer de significado o incluso merece ser descrito como «hipócrita», puesto que puede ser conveniente para su resistencia hacer uso en sus circunstancias de un asentimiento para prolongar el ocultamiento de la verdad que no ha sido descubierta. El «sí» no tiene valor, a menos que sea seguido por confirmaciones indirectas, a menos que el paciente inmediatamente después de su «sí» produzca nuevos recuerdos que completen y amplíen la construcción. Solamente en tal caso consideramos que el «sí» se ha referido plenamente al sujeto que se discute.

Un «no» de una persona en tratamiento analítico es tan ambiguo como un «sí», y aun es de menor valor. En algunos casos raros se ve que es la expresión de un legítimo disentimiento. Mucho más frecuentemente expresa una resistencia que ha podido ser evocada en el sujeto por la construcción presentada, pero que también puede proceder de algún otro factor de la compleja situación analítica. Así, el «no» de un paciente no constituye una evidencia de la corrección de una construcción, aunque es perfectamente compatible con ella. Como todas estas construcciones son incompletas y cubren solamente pequeños fragmentos de los sucesos olvidados, podemos suponer que el paciente no niega en realidad lo que se le ha dicho, sino que basa su contradicción en la parte que todavía no ha sido descubierta. Por lo regular no dará su asentimiento hasta que sepa la entera verdad, la cual con frecuencia es muy extensa. De modo que la única interpretación segura de su «no» es que apunta a la incompletez; no hay duda de que la construcción no le ha dicho todo.

Parece por tanto que las manifestaciones expresas del paciente después de que se le ha presentado una construcción proporcionan muy escasa evidencia sobre la cuestión de si hemos acercado o no. Es del mayor interés que hay formas indirectas de confirmación que son dignas de crédito en todos los aspectos. Una de ellas es la forma de expresión utilizada (como por acuerdo general), con muy pocas variaciones, por las más diferentes personas: «Yo no pensé nunca» (o «No debería haber pensado») «esto» o «en esto»[4]. Lo que puede ser traducido sin vacilaciones por: «Sí, tiene usted razón, acerca de mi *inconsciente*». Por desgracia, esta fórmula, que es tan bien recibida por el analista, llega a sus oídos con más frecuencia después de las simples interpretaciones que tras haber producido una construcción amplia. Una confirmación igualmente valiosa está implicada (expresada esta vez positivamente) cuando el paciente contesta con una asociación que contiene algo similar o análogo al contenido de la construcción. En lugar de tomar un ejemplo de esto de un análisis (lo cual sería fácil encontrar, pero llevaría mucho tiempo describir), prefiero dar cuenta de una pequeña experiencia extraanalítica que presenta tan claramente una situación similar que produce un efecto casi cómico. Concernía a uno de mis colegas, el cual –hace ya tiempo– me había elegido como médico consultor en su práctica médica. Un día me trajo a su joven esposa, que le estaba causando cierta preocupación. Con toda clase de pretextos rehusaba tener relaciones sexuales con él, y lo que él esperaba de mí era evidentemente que yo presentara ante ella las consecuencias de su extraña conducta. Entré en la materia y le expliqué que su negativa probablemente tendría desgraciados efectos sobre la salud de su marido o le expondría a tentaciones que le llevarían a una ruptura de su matrimonio. En este punto él me interrumpió súbitamente con la observación: «El inglés que usted diagnosticó de un tumor cerebral ha muerto también».

De momento la observación parecía incomprensible; el «también» de su frase era un misterio porque no habíamos hablado de nadie que hubiera muerto. Pero poco tiempo después lo comprendí. El hombre evidentemente quería confirmar lo que yo había estado diciendo; quería decir: «Sí, ciertamente, tiene usted toda la razón. Su diagnóstico se confirmó también en el caso del otro paciente». Era un paralelo exacto de las confirmaciones indirectas que obtenemos en el psicoanálisis con las asociaciones. No negaré que también existían otros pensamientos por parte de mi colega que participaban en la determinación de la observación.

Una confirmación indirecta por las asociaciones que se ajustan al contenido de una construcción –que nos dan un «también» igual que el de mi historia– proporciona una base para juzgar si la construcción va a ser confirmada en el curso del análisis. Es particularmente notable que por medio de una parapraxia una confirmación de esta clase se insinúa en una negación. He publicado en otro lugar un bonito ejemplo de esto[5]. El nombre «Jauner» (corriente en Viena) aparecía repetidamente en un ensueño de mi paciente, sin que en sus asociaciones apareciera una explicación suficiente. Finalmente adelanté la interpretación de que cuando decía «Jauner» probablemente quería decir «*Gauner*» ('estafador'), a lo que enseguida replicó: «Esto me parece demasiado *jewagt*» (en lugar de *gewagt*, 'arriesgado')[6]. O el otro ejemplo, en el cual, cuando sugerí a un paciente que él consideraba unos determinados honorarios como demasiado elevados, quiso negar tal sugestión con las palabras: «Diez dólares no son nada para mí», pero en lugar de dólares puso una moneda de menor valor y dijo «diez chelines».

Si un análisis está dominado por poderosos factores que imponen una reacción terapéutica negativa, tal como un sentimiento de culpabilidad, una necesidad masoquista de sufrimiento o una repugnancia a recibir ayuda del psicoanalista, la conducta del paciente después de habérsele presentado una construcción hace con frecuencia muy fácil el que lleguemos a la decisión que estábamos buscando. Si la construcción es mala, no hay cambios en el paciente; pero si es acertada o se aproxima a la verdad, reacciona a ella con una inequívoca agravación de sus síntomas y de su estado general.

Podemos resumir la cuestión afirmando que no hay justificación para que se nos reproche que descuidamos e infravaloramos la importancia de la actitud de los sujetos sometidos a análisis ante nuestras construcciones. Prestamos atención a ella y a menudo obtenemos valiosas informaciones. Pero esas reacciones por parte del paciente son raramente inequívocas y no proporcionan oportunidad para un juicio definitivo. Solamente el curso posterior del análisis nos faculta para decidir si nuestras construcciones son correctas o inútiles. No pretendemos que una construcción individual sea más que una conjetura que espera examen, confirmación o rechazo. No pretendemos estar en lo cierto, no exigimos una aceptación por parte del paciente ni discutimos con él si en principio la niega. En resumen, nos comportamos como una figura familiar en una de las farsas de Nestroy[7]: el criado que sólo tiene una respuesta en sus labios para todas pregunta u objeción: «Todo se aclarará en el curso de los acontecimientos futuros».

3

Cómo ocurre esto en el proceso de análisis –el camino por el que una conjetura nuestra se transforma en la convicción del paciente– no hay que describirlo. Todo ello es familiar para cualquier analista por su experiencia diaria y se comprende sin dificultad. Sólo un punto requiere investigación y explicación. El camino que empieza en la construcción del analista debería acabar en los recuerdos del paciente, pero no siempre llega tan lejos. Con mucha frecuencia no logramos que el paciente recuerde lo que ha sido reprimido. En lugar de ello, si el análisis es llevado correctamente, producimos en él una firme convicción de la verdad de la construcción que logra el mismo resultado terapéutico que un recuerdo vuelto a evocar. El problema de en qué circunstancias ocurre esto y de cómo es posible que lo que parece ser un sustituto incompleto produzca un resultado completo, todo esto constituye el objeto de una investigación posterior.

Concluiré este breve artículo con unas cuantas observaciones que abren una perspectiva más amplia. He sido sorprendido por la manera en que en ciertos análisis la comunicación de una construcción evidentemente acertada ha evocado en el paciente un fenómeno extraño y al principio incomprensible. Se les han provocado vivos recuerdos –que ellos mismos han calificado como «ultraclaros»[8]–; pero lo que han recordado no ha sido el suceso que constituía el objeto de la construcción, sino detalles relacionados con aquél. Por ejemplo, han recordado con anormal claridad las caras de las personas implicadas en la construcción o la habitación en la que algo parecido podía haber sucedido, o, un paso más adelante, los muebles de dicha habitación, de lo cual la construcción no tenía naturalmente ninguna posibilidad de conocimiento. Esto ha ocurrido, o bien en sueños inmediatamente después de que la construcción había sido presentada, o bien en estado vigil, asemejando fantasías.

Estos recuerdos no han llevado por sí mismos a nada más y ha parecido plausible considerarlos como el producto de un compromiso. El «surgimiento» de lo reprimido, puesto en actividad por la presentación de la construcción, ha intentado llevar las huellas mnémicas importantes a la conciencia; pero una resistencia ha logrado no, en verdad, *detener* este movimiento, pero sí *desplazarlo* a objetos adyacentes de importancia menor.

Estos recuerdos podrían haber sido descritos como alucinaciones si a su claridad se hubiera añadido una creencia en su presencia actual. La importancia de esta analogía pareció mayor cuando me di cuenta de que a veces se presentaban verdaderas alucinaciones en otros pacientes que ciertamente no eran psicóticos. Mi pensamiento siguió la línea siguiente. Tal vez pueda ser una característica general de las alucinaciones, a la que hasta ahora no se le ha concedido atención suficiente, que en ellas reaparezca algo experimentado en la infancia y luego olvidado –algo que el niño ha visto u oído en una época en que apenas sabía hablar y que ahora se fragua un camino hasta la conciencia probablemente desfigurado y desplazado por la intervención de fuerzas que se oponen a su retorno–. Y en vista de la estrecha relación entre las alucinaciones y ciertas formas de psicosis, nuestro pensamiento puede ser llevado todavía más lejos. Puede ser que las delusiones a las que esas alucinaciones se hallan incorporadas con tanta frecuencia puedan a su vez ser menos independientes del resurgimiento del inconsciente y del retorno de lo reprimido de lo que usualmente pensamos. En el mecanismo de una delusión señalamos como regla solamente dos factores: el apartamiento del mundo real y sus fuerzas motivadoras, por un lado, y la influencia ejercida por el cumplimiento de deseos en el contenido de la delusión, por el otro. Pero ¿no puede ser que el proceso dinámico sea más bien que el alejamiento de la realidad es puesto en marcha por la tendencia al surgimiento de lo reprimido para inculcar su contenido en la conciencia, mientras que la resistencia provocada por este proceso y el impulso al cumplimiento de deseos comparten la responsabilidad de la distorsión y el desplazamiento de lo que es recordado? Éste es, después de todo, el mecanismo habitual de los ensueños que la intuición ha comparado con la locura desde tiempo inmemorial.

Pienso que este enfoque de las delusiones no es enteramente nuevo, pero pone de relieve, sin embargo, un punto de vista que por lo común no se halla en el primer plano. Su esencia es que no sólo hay *método* en la locura, como el poeta ya percibió, sino también un fragmento de *verdad histórica;* y es plausible suponer que la creencia compulsiva que se atribuye a las delusiones deriva su fuerza precisamente de fuentes infantiles de esta clase. Todo lo que puedo aportar hoy día en apoyo de esta teoría son reminiscencias, no impresiones recientes. Probablemente valdría la pena intentar estudiar casos de los trastornos en cuestión sobre la base de las hipótesis que se han presentado aquí y también realizar su tratamiento siguiendo estas directrices. Debería abandonarse el vano esfuerzo de convencer al paciente del error de sus delusiones y de su contradicción con la realidad, y, por el contrario, el reconocimiento de su núcleo de verdad proporcionaría una base común sobre la cual podría desarrollarse el trabajo terapéutico. Este trabajo consistiría en liberar el fragmento de verdad histórica de sus distorsiones y sus relaciones con el presente actual y hacerlo remontar al momento del pasado al cual pertenece. La transposición de material desde un pasado olvidado al presente o a una expectación futura es realmente una ocurrencia habitual en neuróticos no menos que en psicóticos. Con bastante frecuencia, cuando un neurótico es llevado por un estado de ansiedad a esperar la llegada de un suceso terrible, en realidad se halla bajo el influjo de un recuerdo reprimido (que intenta entrar en la conciencia, pero no puede hacerse consciente) de que alguna cosa que en aquel tiempo era terrorífica ocurrirá realmente. Creo que ganaríamos muchos conocimientos valiosos de un trabajo de esta clase con psicóticos, aunque no llevara a un éxito terapéutico.

Ya me doy cuenta de que sirve de poco tratar un sujeto tan importante del modo sumario que he utilizado aquí. Pero no por eso he podido resistir la tentación de presentar una analogía. Las delusiones de los pacientes se aparecen como los equivalentes de las construcciones que edificamos en el curso de un tratamiento psicoanalítico: intentos de explicación y de curación, aunque es verdad que en las condiciones de una psicosis no puedan hacer más que sustituir el fragmento de realidad que está siendo negado en el presente por otro fragmento que ya fue rechazado en el remoto pasado. Será la tarea de cada investigación individual revelar las conexiones íntimas entre el material del rechazo presente y el de la represión primitiva. Así como nuestra construcción sólo es eficaz porque recibe un fragmento de experiencia perdida, las delusiones deben su poder de convicción al elemento de verdad histórica que insertan en lugar de la realidad rechazada. Por este camino, una proposición que en principio se afirma sólo para la histeria se aplicaría también a las delusiones: que los que están sujetos a ellas sufren por sus propias reminiscencias[9]. Con esta breve fórmula intento discutir la complejidad de los orígenes de la enfermedad o excluir la intervención de muchos otros factores.

Si consideramos a la Humanidad como un todo y la sustituimos al individuo humano aislado, descubrimos que también ella ha desarrollado delusiones que son inaccesibles a la crítica lógica y contradicen la realidad. Si, a pesar de esto, son capaces de ejercer un extraordinario poder sobre los hombres, la investigación nos lleva a la misma explicación dada en el caso del individuo. Deben su poder al elemento de *verdad histórica* que han traído desde la represión de lo olvidado y del pasado primigenio.

Sobre la psicología del colegial*

Extraño sentimiento le embarga a uno cuando en años tan avanzados de la vida se ve una vez más en el trance de tener que redactar una «composición de idioma alemán» para el colegio. No obstante, se obedece automáticamente, como aquel viejo soldado licenciado de filas que al oír la orden de «¡firmes!» no puede menos de llevar las manos a la faltriquera, dejando caer al suelo sus bártulos. Es curioso el buen grado con que acepto la ta-

---

* *Zur Psychologie des Gymnasiasten* apareció en octubre de 1914, formando parte del Libro de Oro publicado en ocasión de su cincuentenario por el K. K. Erzherzog-Rainer-Realgymnasium de Viena (antes Leopoldstädter Kommunal und Obergymnasium, hoy Bundesrealgymnasium im II. Bezirk), colegio en el cual el autor cursó sus estudios secundarios. Esta alocución forma parte del tomo XI de *Gesammelte Schriften* (*Obras completas,* edición vienesa), del X de *Gesammelte Werke* (*Obras completas,* nueva edición londinense) y del *Almanach der Psychoanalyse,* 1927 («Almanaque del psicoanálisis»). No existen otras traducciones. *(N. del T.)*

rea, cual si durante el último medio siglo nada importante hubiera cambiado. Sin embargo, he envejecido en este lapso; me encuentro a punto de llegar a sexagenario, y tanto las sensaciones de mi cuerpo como el espejo me muestran inequívocamente cuán considerable es la parte de mi llama vital que ya se ha consumido.

Hace unos diez años aún podía tener instantes en que de pronto volvía a sentirme completamente joven. Cuando, ya barbicano y cargado con todo el peso de una existencia burguesa, caminaba por las calles de la ciudad natal, podía suceder que me topara inesperadamente con uno u otro caballero anciano, pero bien conservado, al que saludaba casi humildemente, reconociendo en él a un antiguo profesor del colegio. Pero luego me detenía y, ensimismado, lo seguía con la mirada: ¿Realmente es él, o sólo alguien que se le asemeja a punto de confusión? ¡Cuán joven parece aún, y tú ya estás tan viejo! ¿Cuántos años podrá contar? ¿Es posible que estos hombres, que otrora representaron para nosotros a los adultos, sólo fuesen tan poco más viejos que nosotros?

El presente quedaba entonces como oscurecido ante mis ojos, y los años de los diez a los dieciocho volvían a surgir de los recovecos de la memoria, con todos sus presentimientos y desvaríos, sus dolorosas trasmutaciones y sus éxitos jubilosos, con los primeros atisbos de culturas desaparecidas –un mundo que, para mí al menos, llegó a ser más tarde un insuperable medio de consuelo ante las luchas de la vida–; por fin, surgían también los primeros contactos con las ciencias, entre las cuales creíamos poder elegir aquella que agraciaríamos con nuestros por cierto inapreciables servicios. Y yo creo recordar que durante toda esa época abrigué la vaga premonición de una tarea que al principio sólo se anunció calladamente, hasta que por fin la pude vestir, en mi composición de bachillerato, con las solemnes palabras de que en mi vida querría rendir un aporte al humano saber.

Llegué, pues, a médico, o más propiamente a psicólogo, y pude crear una nueva disciplina psicológica –el denominado «psicoanálisis»– que hoy embarga la atención y suscita alabanzas y censuras de médicos e investigadores oriundos de los más lejanos países, aunque, desde luego, preocupa mucho menos a los de mi propia patria.

Como psicoanalista, debo interesarme más por los procesos afectivos que por los intelectuales; más por la vida psíquica inconsciente que por la consciente. La emoción experimentada al encontrarme con mi antiguo profesor del colegio me conmina a una primera confesión: no sé qué nos embargó más y qué fue más importante para nosotros: si la labor con las ciencias que nos exponían o la preocupación por las personalidades de nuestros profesores. En todo caso, con éstos nos unía una corriente subterránea jamás interrumpida, y en muchos de nosotros el camino a la ciencia sólo pudo pasar por las personas de los profesores: muchos quedaron detenidos en este camino y a unos pocos –¿por qué no confesarlo?– se les cerró así para siempre.

Los cortejábamos o nos apartábamos de ellos; imaginábamos su probablemente inexistente simpatía o antipatía; estudiábamos sus caracteres y formábamos o deformábamos los nuestros, tomándolos como modelos. Despertaban nuestras más potentes rebeliones y nos obligaban a un sometimiento completo; atisbábamos sus más pequeñas debilidades y estábamos orgullosos de sus virtudes, de su sapiencia y su justicia. En el fondo, los amábamos entrañablemente cuando nos daban el menor motivo para ello; mas no sé si todos nuestros maestros lo advirtieron. Pero no es posible negar que teníamos una particularísima animosidad contra ellos, que bien puede haber sido incómoda para los afectados. Desde un principio tendíamos por igual al amor y al odio, a la crítica y a la veneración. El psicoanálisis llama «ambivalente» a esta propensión por las actitudes antagónicas; tampoco se ve en aprietos al tratar de demostrar el origen de semejante ambivalencia afectiva.

En efecto, nos ha enseñado que las actitudes afectivas frente a otras personas, actitudes tan importantes para la conducta ulterior del individuo, quedan establecidas en una época increíblemente temprana. Ya en los primeros seis años de la infancia el pequeño ser humano ha fijado de una vez por todas la forma y el tono afectivo de sus relaciones con los individuos del sexo propio y del opuesto; a partir de ese momento podrá desarrollarlas y orientarlas en distintos sentidos, pero ya no logrará abandonarlas. Las personas a las cuales se ha fijado de tal manera son sus padres y sus hermanos. Todos los hombres que haya de conocer posteriormente serán, para él, personajes sustitutivos de estos primeros objetos afectivos (quizá, junto a los padres, también los personajes educadores), y los ordenará en series que parten, todas, de las denominadas *imagines* del padre, de la madre, de los hermanos, etcétera. Estas relaciones ulteriores asumen, pues, una especie de herencia afectiva, tropiezan con simpatías y antipatías en cuya producción escasamente han participado; todas las amistades y vinculaciones amorosas ulteriores son seleccionadas sobre la base de las huellas mnemónicas que cada uno de aquellos modelos primitivos haya dejado.

Pero de todas las *imagines* de la infancia, por lo general extinguidas ya en la memoria, ninguna tiene para el adolescente y para el hombre mayor importancia que la del padre. El imperio de lo orgánico ha impuesto a esta relación con el padre una ambivalencia afectiva cuya manifestación más impresionante quizá sea el mito griego del rey Edipo. El niño pequeño se ve obligado a amar y admirar a su padre, pues éste le parece el más fuerte, bondadoso y sabio de todos los seres; la propia figura de Dios no es sino una exaltación de esta *imago* paterna, tal como se da en la más precoz vida psíquica infantil. Pero muy pronto se manifiesta el cariz opuesto de tal relación afectiva. El padre también es identificado como el todopoderoso perturbador de la propia vida instintiva; se convierte en el modelo que no sólo se querría imitar, sino también destruir para ocupar su propia plaza. Las tendencias cariñosas y hostiles contra el padre subsisten juntas, muchas veces durante toda la vida, sin que la una logre superar a la otra. En esta simultaneidad de las antítesis reside la esencia de lo que denominamos «ambivalencia afectiva».

En la segunda mitad de la infancia se prepara un cambio de esta relación con el padre, cambio cuya magnitud no es posible exagerar. El niño comienza a salir de su cuarto de juegos para contemplar el mundo real que lo rodea, y debe descubrir entonces cosas que minan la primitiva exaltación del padre y que facilitan el abandono de este primer personaje ideal. Comprueba que el padre ya no es el más poderoso, el más sabio y el más acaudalado de los seres; comienza a dejar de estar conforme con él; aprende a criticarle y a situarle en la escala social, y suele hacerle pagar muy cara la decepción que le produjera. Todas las esperanzas que ofrece la nueva generación –pero también todo lo condenable que presenta– se originan en este apartamiento del padre.

En esta fase evolutiva del joven hombre acaece su encuentro con los maestros. Comprenderemos ahora la actitud que adoptamos ante nuestros profesores del colegio. Estos hombres, que ni siquiera eran todos padres de familia, se convirtieron para nosotros en sustitutos del padre. También es ésta la causa de que, por más jóvenes que fuesen, nos parecieran tan maduros, tan remotamente adultos. Nosotros les transferíamos el respeto y la veneración ante el omnisapiente padre de nuestros años infantiles, de manera que caíamos en tratarlos como a nuestros propios padres. Les ofrecíamos la ambivalencia que adquiriéramos en la vida familiar, y con ayuda de esta actitud luchábamos con ellos como habíamos luchado con nuestros padres carnales. Nuestra conducta frente a nuestros maestros no podría ser comprendida, ni tampoco justificada, sin considerar los años de la infancia y el hogar paterno.

Pero como colegiales también tuvimos otras experiencias no menos importantes con los sucesores de nuestros hermanos, es decir, con nuestros compañeros. Éstas empero han de quedar para otra ocasión, pues el jubileo del colegio orienta hacia los maestros la totalidad de nuestros pensamientos.

Lo perecedero*

Hace algún tiempo me paseaba yo por una florida campiña estival, en compañía de un amigo taciturno y de un joven pero ya célebre poeta que admiraba la belleza de la naturaleza circundante, mas sin poder solazarse con ella, pues le preocupaba la idea de que todo ese esplendor estaba condenado a perecer, de que ya en el invierno venidero habría desaparecido, como toda belleza humana y como todo lo bello y noble que el hombre haya creado

---

* Este ensayo –titulado *Vergänglichkeit* en lengua original– fue redactado en noviembre de 1915 a invitación del Goethebund de Berlín con el objeto de ser insertado en el volumen conmemorativo *Das Land Goethes* («El país de Goethe»), que esa institución hizo editar por la Deutsche Verlagsanstalt, de Stuttgart, bajo la firma de Zabel y Landau, destinándose el producto de su venta a la habilitación de bibliotecas populares en Prusia oriental. La versión original de «Lo perecedero» también se encuentra en el undécimo tomo de *Gesammelte Schriften (Obras completas,* nueva edición londinense). Una traducción de James Strachey *(On transience)* apareció en el *International Journal of Psycho-Analysis,* vol. 23, pág. 84, 1942, y fue reimpresa en *Collected Papers,* tomo V, Hogarth Press, Londres, 1950. Su idea medular fue explayada el año siguiente en *La aflicción y la melancolía* (tomo I de la edición de Biblioteca Nueva). *(N. del T.)*

y pudiera crear. Cuanto habría amado y admirado, de no mediar esta circunstancia, parecíale carente de valor por el destino de perecer a que estaba condenado.

Sabemos que esta preocupación por el carácter perecedero de lo bello y perfecto puede originar dos tendencias psíquicas distintas. Una conduce al amargado hastío del mundo que sentía el joven poeta; la otra, a la rebeldía contra esa pretendida fatalidad. ¡No! ¡Es imposible que todo ese esplendor de la Naturaleza y del arte, de nuestro mundo sentimental y del mundo exterior, realmente esté condenado a desaparecer en la nada! Creerlo sería demasiado insensato y sacrílego. Todo eso ha de poder subsistir en alguna forma, sustraído a cuanto influjo amenace aniquilarlo.

Mas esta pretensión de eternidad traiciona demasiado claramente su filiación de nuestros deseos como para que pueda pretender se le conceda valía de realidad. También lo que resulta doloroso puede ser cierto; por eso no pude decidirme a refutar la generalidad de lo perecedero ni a imponer una excepción para lo bello y lo perfecto. En cambio, le negué al poeta pesimista que el carácter perecedero de lo bello involucrase su desvalorización.

Por el contrario, ¡es un incremento de su valor! La cualidad de perecedero comporta un valor de rareza en el tiempo. Las limitadas posibilidades de gozarlo lo tornan tanto más precioso. Manifesté, pues, mi incomprensión de que la caducidad de la belleza hubiera de enturbiar el goce que nos proporciona. En cuanto a lo bello de la Naturaleza, renace luego de cada destrucción invernal, y este renacimiento bien puede considerarse eterno en comparación con el plazo de nuestra propia vida. En el curso de nuestra existencia vemos agostarse para siempre la belleza del humano rostro y cuerpo, mas esta fugacidad agrega a sus encantos uno nuevo. Una flor no nos parece menos espléndida porque sus pétalos sólo estén lozanos durante una noche. Tampoco logré comprender por qué la limitación en el tiempo habría de menoscabar la perfección y belleza de la obra artística o de la producción intelectual. Llegue una época en la cual queden reducidos a polvo los cuadros y las estatuas que hoy admiramos; sucédanos una generación de seres que ya no comprendan las obras de nuestros poetas y pensadores; ocurra aun una era geológica que vea enmudecida toda vida en la tierra..., no importa; el valor de cuanto bello y perfecto existe sólo reside en su importancia para nuestra percepción; no es menester que la sobreviva y, en consecuencia, es independiente de su perduración en el tiempo.

Aunque estos argumentos me parecían inobjetables, pude advertir que no hacían mella en el poeta ni en mi amigo. Semejante fracaso me llevó a presumir que éstos debían estar embargados por un poderoso factor afectivo que enturbiaba la claridad de su juicio, factor que más tarde creí haber hallado. Sin duda, la rebelión psíquica contra la aflicción, contra el duelo por algo perdido, debe haberles malogrado el goce de lo bello. La idea de que toda esta belleza sería perecedera produjo a ambos, tan sensibles, una sensación anticipada de la aflicción que les habría de ocasionar su aniquilamiento, y ya que el alma se aparta instintivamente de todo lo doloroso, estas personas sintieron inhibido su goce de lo bello por la idea de su índole perecedera.

Al profano le parece tan natural el duelo por la pérdida de algo amado o admirado que no vacila en calificarlo de obvio y evidente. Para el psicólogo, en cambio, esta aflicción representa un gran problema, uno de aquellos fenómenos que, si bien incógnitos ellos mismos, sirven para reducir a ellos otras incertidumbres. Así, imaginamos poseer cierta cuantía de capacidad amorosa –llamada «libido»– que al comienzo de la evolución se orientó hacia el propio *yo,* para más tarde –aunque en realidad muy precozmente– dirigirse a los objetos, que de tal suerte quedan en cierto modo incluidos en nuestro *yo.* Si los objetos son destruidos o si los perdemos, nuestra capacidad amorosa (libido) vuelve a quedar en libertad, y puede tomar otros objetos como sustitutos, o bien retornar transitoriamente al *yo.* Sin embargo, no logramos explicarnos –ni podemos deducir todavía ninguna hipótesis al respecto– por qué este desprendimiento de la libido de sus objetos debe ser, necesariamente, un proceso tan doloroso. Sólo comprobamos que la libido se aferra a sus objetos y que ni siquiera cuando ya dispone de nuevos sucedáneos se resigna a desprenderse de los objetos que ha perdido. He aquí, pues, la aflicción.

La plática con el poeta tuvo lugar durante el verano que precedió a la guerra. Un año después se desencadenó ésta y robó al mundo todas sus bellezas. No sólo aniquiló el primor de los paisajes que recorrió y las obras de arte que rozó en su camino, sino que también quebró nuestro orgullo por los progresos logrados en la cultura, nuestro respeto ante tantos pensadores y artistas, las esperanzas que habíamos puesto en una superación definitiva de las diferencias que separan a pueblos y razas entre sí. La guerra enlodó nuestra excelsa ecuanimidad científica, mostró en cruda desnudez nuestra vida instintiva, desencadenó los espíritus malignos que moran en nosotros y que suponíamos domeñados definitivamente por nuestros impulsos más nobles, gracias a una educación multisecular. Cerró de nuevo el ámbito de nuestra patria y volvió a tornar lejano y vasto el mundo restante. Nos quitó tanto de lo que amábamos y nos mostró la caducidad de mucho que creíamos estable.

No es de extrañar que nuestra libido, tan empobrecida de objetos, haya ido a ocupar con intensidad tanto mayor aquellos que nos quedaron; no es curioso que de pronto haya aumentado nuestro amor por la patria, el cariño por los nuestros y el orgullo que nos inspira lo que poseemos en común. Pero esos otros bienes, ahora perdidos, ¿acaso quedaron realmente desvalorizados ante nuestros ojos sólo porque demostraran ser tan perecederos y frágiles? Muchos de nosotros lo creemos así; pero injustamente, según pienso una vez más. Me parece que quienes opinan de tal manera y parecen estar dispuestos a renunciar de una vez por todas a lo apreciable, simplemente porque no resultó ser estable, sólo se encuentran agobiados por la aflicción que les causó su pérdida. Sabemos que la aflicción, por más dolorosa que sea, se consume espontáneamente. Una vez que haya renunciado a todo lo perdido se habrá agotado por sí misma y nuestra libido quedará nuevamente en libertad de sustituir los objetos perdidos por otros nuevos, posiblemente tanto o más valiosos que aquéllos, siempre que aún seamos lo suficientemente jóvenes y que conservemos nuestra vitalidad. Cabe esperar que sucederá otro tanto con las pérdidas de esta guerra. Una vez superado el duelo, se advertirá que nuestra elevada estima de los bienes culturales no ha sufrido menoscabo por la experiencia de su fragilidad. Volveremos a construir todo lo que la guerra ha destruido, quizá en terreno más firme y con mayor perennidad.

Notas

Introducción al narcisismo

1. Véase el análisis del caso Schreber. [*Paranoia y neurosis obsesiva*, Alianza Editorial, Madrid, 2002 (1971).]
2. Cf. *Tótem y tabú*. [Alianza Editorial, Madrid, 2011 (1967).]
3. En fantasía tiene por base un doble mecanismo: o la influencia de toda la carga de libido al objeto amado, o su retracción total al *yo*.
4. «Wandlungen und Symbole der Libido», en *Jahrbuch für Psych. Forschungen*, 1912.
5. *Intern. Zeitschr. f. Psychoan.*, I, 1915.
6. «Versuch einer Darstellung der Psychoan. Theorie», en *Jahrbuch*, V, 1915.

Experiencias y ejemplos de la práctica analítica

1. Desde luego, estas dramatizaciones sólo pueden darse en pacientes alemanes, pues se fundan en retruécanos de esa lengua, intraducibles a ninguna otra. Ejemplos semejantes se encuentran en *La interpretación de los sueños*, Alianza Editorial, Madrid, 2011 (1966). *(N. del T.)*

La novela familiar del neurótico

1. Véase al respecto Freud: *Fantasías histéricas y su relación con la bisexualidad,* en *Ensayos sobre la vida sexual y la teoría de las neurosis,* Alianza Editorial, Madrid, 2003 (1967), en donde se remite también a la bibliografía sobre este tema.
2. Véase *La interpretación de los sueños,* Alianza Editorial, Madrid, 2011 (1966).

Contribuciones al simposio sobre la masturbación

1. El autor se refiere a *Tres ensayos sobre teoría sexual,* Alianza Editorial, Madrid, 2012 (1972).
2. «Sin animosidad y sin prejuicio.» En latín en el original. *(N. del T.)*
3. «Los defectos de sus virtudes» y «las virtudes de sus defectos». En francés en el original. *(N. del T.)*
4. «De sus consecuencias.» En latín en el original. *(N. del T.)*

Algunas consecuencias psíquicas de la diferencia sexual anatómica

1. Alianza Editorial, Madrid, 2011 (1966).
2. *El final del complejo de Edipo* (1924, volumen II de *Obras completas,* pág. 501, Ed. Biblioteca Nueva).
3. Véase *Tres ensayos sobre teoría sexual,* Alianza Editorial, Madrid, 2012 (1972).
4. Es ésta la oportunidad de corregir una afirmación que formulé hace unos años. Creía entonces que el interés sexual de los niños no sería despertado por la diferencia entre los sexos –como lo es en los púberes–, sino por el problema del origen de los niños. Advertimos ahora que no es ciertamente así, por lo menos en lo que a la niña se refiere. En cuanto al varón, no cabe duda de que una u otra cosa puede ocurrir en los distintos individuos; también es posible que la alternativa sea decidida en ambos sexos por las circunstancias casuales de la existencia.
5. Ya en mi primera exposición crítica de la *Historia del movimiento psicoanalítico* (1913) [*Autobiografía. Historia del movimiento psicoanalítico,* Alianza Editorial, Madrid, 2003 (1969)], reconocí que este hecho representa el núcleo de verdad contenido en la doctrina de Adler. Ésta, sin embargo, no vacila en explicar el mundo entero a partir de este único punto (inferio-

ridad orgánica-protesta masculina-apartamiento de la línea femenina), alabándose además de haber restado de esta manera su importancia a la sexualidad en favor de la voluntad de poderío. Así, el único órgano que sin ambigüedad cabría designar como «inferior» sería el clítoris. Por otra parte, sabemos de analistas que se jactan de no haber hallado nunca signo alguno de un complejo de castración, a pesar de haberse esforzado durante decenios por revelar su existencia. Debemos inclinarnos respetuosos ante la magnitud de esta hazaña, aunque sólo sea una hazaña negativa, una verdadera obra de virtuosismo en el supremo arte de no ver nada y de confundirlo todo. Las dos doctrinas forman un interesante par de antagonismos: en la una no hay trazas siquiera de un complejo de castración; en la otra no hay nada más que consecuencias del mismo.
6. *Pegan a un niño*, en *Sexualidad infantil y neurosis*, Alianza Editorial, Madrid, 2004 (1972).
7. Véase *El final del complejo de Edipo, op. cit.*
8. Karl Abraham: «Aeusserungsformen des weiblichen Kastrationskomplexes», *Internat Zeitschrift für Psychoanalyse,* volumen VII, 1921. Karen Horney: «Zur Genese des weiblichen Kastrationskomplexes», *ibidem*, volumen IX, 1923. Helene Deutsch: «Psychoanalyse der weiblichen Sexualfunktionen», *Neue Arbeiten zur ärztlichen Psychoanalyse,* Viena, 1925.

Análisis terminable e interminable

1. En inglés en el original.
2. Esto fue escrito poco después de la gran crisis financiera de los Estados Unidos. Una crítica moderada de la teoría de Rank ha sido hecha por Freud en *Inhibición, síntomas y angustia* (1926), en *El yo y el ello,* Alianza Editorial, Madrid, 2012 (1973).
3. Véase mi artículo, publicado con el consentimiento del paciente, «Historia de una neurosis infantil» (1918, *b*). [En *Sexualidad infantil y neurosis,* Alianza Editorial, Madrid, 2004 (1972).] No contiene un informe detallado de la enfermedad sufrida por el joven en la edad adulta, que sólo es tocada cuando absolutamente lo requiere su conexión con su neurosis infantil.
4. Véase *Standard Ed., 17,* 10-11.
5. *Ibid.,* 121.
6. En realidad, su informe había aparecido ya algunos años antes (Brunswick, 1928). Para información posterior de la historia sub-

siguiente del caso, véase una nota editorial al pie de página, *Standard Ed.*, 17, 122.
7. La idea de una «alteración del *yo*» es discutida ampliamente más adelante, particularmente en la sección 5.
8. Esta palabra es discutida más adelante.
9. Según Ernest Jones, esto se refiere a Ferenczi, que fue analizado por Freud durante tres semanas en octubre de 1914 y durante otras tres más (con dos sesiones diarias) en junio de 1916. Véase Jones, 1957, 158, y 1955, 195 y 213. Véase también la necrología de Ferenczi por Freud (1933, *c*), *Standard Ed.*, 22, 228.
10. *Bändigung*. Freud había usado la palabra, además de en otros lugares, en «El problema económico del masoquismo» (1924, *c*) [en *Ensayos sobre la vida sexual y la teoría de las neurosis,* Alianza Editorial, Madrid, 2003 (1967)], para describir la acción por la que la libido puede convertir en inocuo el instinto de muerte. *Standard Ed.*, 19, 164. Mucho antes, en la sección 3 de la parte III del *Proyecto*, de 1895, la había utilizado para el proceso por el cual los recuerdos penosos quedan descargados de emoción por la intervención del *yo* (Freud, 1950, *a*).
11. «Al fin hemos de llamar a la bruja en nuestra ayuda.» (Goethe: *Fausto*, parte I, escena 6.) Fausto, a la búsqueda del secreto de la juventud, busca, sin quererlo, el auxilio de la bruja.
12. O, para ser completamente exactos, donde aquella relación cae dentro de ciertos límites.
13. Aquí tenemos una justificación de la pretendida importancia etiológica de factores no específicos, como el exceso de trabajo, los *shocks,* etc. A esos factores se les ha concedido una aceptación general; pero fueron empujados a un segundo término precisamente por el psicoanálisis. Es imposible definir la salud, excepto en términos metapsicológicos, es decir, por la referencia a las relaciones dinámicas entre los factores del aparato psíquico que han sido reconocidos —o (si se prefiere) deducidos o conjeturados— por nosotros. (Una temprana depreciación por Freud de la importancia etiológica en las neurosis de factores tales como el «exceso de trabajo» se encontrará ya en el borrador A de los papeles de Fliess, que datan tal vez de 1892 [1950, *a*], *Standard Ed.*, 1.)
14. Esta misma línea argumental ha sido trazada con particular claridad, en un lenguaje menos técnico, en el capítulo VII de *La cuestión del análisis profano* (1926, *e*), *Standard Ed.*, 20, 241-243.
15. *Nachverdrängung*. Véase el trabajo metapsicológico sobre «Represión» (1915, *d*), *Standard Ed.*, 14, 148, donde, sin embargo (como

en todas partes en aquel período), el término usado es *Nachdrängen*, traducido al inglés como *afterpressure*.
16. Freud había citado la misma observación en *La cuestión del análisis profano* (1926, *e*), *Standard Ed.*, 20, 193.
17. Véase el artículo sobre «Amor transferencial» (1915, *a*), *Standard Ed.*, 12, 165, y el trabajo presentado al Congreso de Budapest (1919, *a*), *ibid.*, 17, 162 ss.
18. El proverbio francés: «*Le mieux est l'ennemi du bien*».
19. Estas reflexiones de Freud sobre la ilustración sexual de los niños pueden compararse con las menos complicadas que aparecen en su primer artículo sobre esta cuestión (1907, *c*).
20. Una referencia indirecta al *super-yo*.
21. «La razón se convierte en sinrazón, la amabilidad en tormenta.» (Goethe: *Fausto*, parte I, escena 4.)
22. Véase sobre esta cuestión la obra: *Der Mann Moses und die monotheistische Religion*. [*Moisés y la religión monoteísta*, Alianza Editorial, Madrid, 2003 (1970).]
23. El término aparece en la Conferencia XXII de las Conferencias Introductorias (1916-1917), *Standard Ed.*, 16, 348. Esta característica y la de «inercia psíquica» más generalizada, discutida más adelante, no son siempre tratadas separadamente en los primeros escritos de Freud. Una lista de un cierto número de pasajes en los que estas cuestiones son tratadas se da en la nota del editor al pie de página en «Un caso de paranoia» (1915, *f*), *Standard Ed.*, 14, 272.
24. *Wie gewonnen, so zerronnen.*
25. Véase nota 23.
26. Véase Apéndice A, *a*) *Inhibición, síntoma y angustia* (1926, *d*), *Standard Ed.*, 20, 160.
27. La misma analogía se presenta en un pasaje de la historia clínica del «hombre-lobo» al tratar de esta misma característica psicológica. *Standard Ed.*, 17, 116.
28. Véanse algunas observaciones sobre esta cuestión en un trabajo de Freud sobre Josef Popper-Lynkeus (1923, *f*), *Standard Ed.*, 19, 261 y 263 n.
29. He basado lo que sigue en un trabajo de Wilhelm Capelle (1935). La ciudad siciliana es más comúnmente conocida como Agrigento.
30. *Dem gar manch Geheimnis wurde kund*. Modificado de un verso en el primer parlamento de Fausto (Goethe: *Fausto*, parte I, escena 1).
31. Capelle (1935), 186.
32. Es decir, análogo al instinto de la muerte.

33. Empédocles fue mencionado otra vez por Freud en una nota al pie de página en el capítulo II del libro póstumo *Esquema del psicoanálisis* [1940 *a* (1938)], 149. [Alianza Editorial, Madrid, 2004 (1974).] Freud hizo otras observaciones sobre el instinto destructivo en una carta escrita poco después que este artículo a la princesa María Bonaparte. Un extracto de ella aparece en la Introducción del Editor a *El malestar en la cultura* (1930, *a*), Standard Ed., 21, 63. [Alianza Editorial, Madrid, 2010 (1970).]
34. Éste fue un artículo leído en el Congreso de Psicoanálisis de Innsbruck en 1927. Fue publicado al año siguiente.
35. Ferenczi, 1928; traducción inglesa, 1955, 86.
36. Ferenczi, *loc. cit.*
37. Véase un pasaje similar en los comentarios de Freud al libro *Wayward Youth*, de Aichhorn (Freud, 1925, *f*), Standard Ed., 19, 273.
38. Anatole France: *La révolte des anges.*
39. «Habiendo ido todo bien.»
40. Véase, por ejemplo, «Sexualidad de la hembra» (1931, *b*), Standard Ed., 21, 229 s.
41. «Pegan a un niño» (1919, *e*). Standard Ed., 17, 200 ss. [En *Sexualidad infantil y neurosis, op. cit.]* (En realidad, el nombre de Fliess no es mencionado en este artículo.)
42. Todo paciente varón debe obtener el sentimiento de equidad en relación con el médico como un signo de que ha vencido su miedo a la castración; toda paciente mujer, si se ha de considerar a su neurosis como totalmente vencida, debe haberse librado de su complejo de masculinidad y emocionalmente ha de aceptar sin trazas de resentimiento las consecuencias de su papel femenino (Ferenczi, 1928, 8; traducción inglesa, 84).
43. No hemos de ser extraviados por el término «protesta masculina», suponiendo que lo que el hombre repudia es su actitud pasiva (como tal), lo que podríamos llamar el aspecto social de la feminidad. Este punto de vista es contradicho por una observación fácilmente comprobable: que tales hombres con frecuencia presentan una actitud masoquista –un estado que equivale a servidumbre– hacia las mujeres. Lo que rechazan no es la pasividad en general, sino la pasividad frente a un varón. En otras palabras, la «protesta masculina» no es en realidad más que angustia ante la castración. Al estado de «servidumbre» sexual en los hombres ha aludido Freud en su artículo sobre «El tabú de la virginidad» (1918, *a*), Standard Ed., 11, 194. [En *Ensayos sobre la vida sexual y la teoría de las neurosis*, Alianza Editorial, Madrid, 2003 (1966).]

Construcciones en psicoanálisis

1. En inglés en el original.
2. Esta discusión continúa otras anteriores en el artículo de Freud sobre «La negación» (1925, *b*), *Standard Ed.*, *19*, 235 y 239. [En *El yo y el ello*, Alianza Editorial, Madrid, 2012 (1973).] Véase también un pasaje en el primer capítulo del análisis de «Dora» (1905, *e*), *ibid.*, *7*, 57, y una nota al pie de página añadida al mismo en 1923; también otra nota en el capítulo I, D, del análisis del «hombre-rata» (1909, *d*), *ibid.*, *10*, 183 n.
3. Un ejemplo de una construcción incorrecta se menciona al comienzo de la sección III de la historia clínica del «hombre-lobo» (1918, *b*), *Standard Ed.*, *17*, 19.
4. Casi exactamente las mismas frases aparecen al final del artículo sobre «La negación» (1925, *b*), *Standard Ed.*, *19*, 239. [En *El yo y el ello, op. cit.*]
5. Véase la nota siguiente.
6. Capítulo V de *Psicopatología de la vida cotidiana*. [Alianza Editorial, Madrid, 2011 (1966).] En el lenguaje vulgar la «g» se pronuncia con frecuencia como la «j» alemana («y»).
7. *Der Zerrissene* («El desgarrado»).
8. El fenómeno descrito aquí parece remontar a observaciones hechas por Freud en relación con *Psicopatología de la vida cotidiana* (1901, *b*) [Alianza Editorial, Madrid, 2011 (1996)]. Véase la larga nota al pie de página, *Standard Ed.*, *4*, 13. El pasaje presente puede ser incluso una alusión a un episodio particular narrado allí, *ibid.*, 266-267. Véanse también los trabajos todavía anteriores sobre «El mecanismo psíquico del olvido» (1898, *b*), *ibid.*, *3*, 290-291, y la nota al pie de página y 297, y «Screen Memories» (1899, *a*), *ibid.*, *3*, 312-313. En todos estos pasajes Freud utiliza la misma palabra, *überdeutlich*, traducida aquí por «ultra-claro».
9. Véase la «Comunicación preliminar» de Breuer y Freud (1893, *a*), *Standard Ed.*, *2*, 7.